Performance Management

绩效管理

理论与案例

郭　萍　编著

暨南大學出版社
JINAN UNIVERSITY PRESS

中国·广州

图书在版编目（CIP）数据

绩效管理：理论与案例/郭萍编著. —广州：暨南大学出版社，2023. 7
ISBN 978 - 7 - 5668 - 3663 - 2

Ⅰ. ①绩…　Ⅱ. ①郭…　Ⅲ. ①企业绩效—企业管理—教材　Ⅳ. ①F272. 5

中国国家版本馆 CIP 数据核字（2023）第 087958 号

绩效管理：理论与案例
JIXIAO GUANLI：LILUN YU ANLI
编著者：郭　萍

出 版 人： 张晋升
责任编辑： 郑晓玲
责任校对： 刘舜怡　黄晓佳
责任印制： 周一丹　郑玉婷

出版发行： 暨南大学出版社（511443）
电　　话： 总编室（8620）37332601
营销部（8620）37332680　37332681　37332682　37332683
传　　真：（8620）37332660（办公室）　37332684（营销部）
网　　址： http：//www. jnupress. com
排　　版： 广州尚文数码科技有限公司
印　　刷： 佛山市浩文彩色印刷有限公司
开　　本： 787mm×1092mm　1/16
印　　张： 12. 75
字　　数： 246 千
版　　次： 2023 年 7 月第 1 版
印　　次： 2023 年 7 月第 1 次
定　　价： 59. 80 元

前言 Preface

绩效管理是人力资源管理系统的重要组成部分，也是管理者引导员工行为的“指挥棒”。系统、科学的绩效管理制度有助于企业把握岗位适应性、提高员工工作获得感、实现组织目标和个人目标的共赢。

作为人力资源管理专业的必修课，“绩效管理”课程的主线有两条：一是绩效管理的理论体系；二是绩效管理的实践前沿。两条主线相互交织，可帮助学生更好地理解绩效管理的系统知识。第一，本书以绩效管理的流程和考核工具介绍为核心，同时将人力资源三支柱模型、目标与关键成果法（OKR）、游戏化管理等行业新趋势融入其中，以便提高教材的新颖性和创新性。第二，本书在介绍绩效管理知识点时提供了大量工具表格示例，可帮助学生建立起理论与实践的联系。第三，本书注重收集整理时效性较强的教学案例，所选案例多是最近十年内发生的绩效管理热点事件。课堂上可以与学生一起对这些真实案例进行分析讨论，加深他们对知识点的理解，提升他们解决现实问题的能力。

本教材的编写是在阅读并吸收大量绩效管理教材优点的基础上完成的，在此，谨向这些书籍的作者表示深深的感谢。大多数参考文献已列于案例资料来源和书末，如有疏漏，恳请谅解并反馈给我们。暨南大学出版社编校团队为本书的出版付出了辛勤劳动，谨此表示诚挚的谢意！受作者水平和经验所限，本书难免存在不足之处，恳请读者批评指正！反馈意见可发送至 826651482@ qq. com。

郭萍

2023 年 5 月 11 日

Contents

目 录

绩效管理

理论与案例

第一章

导　论

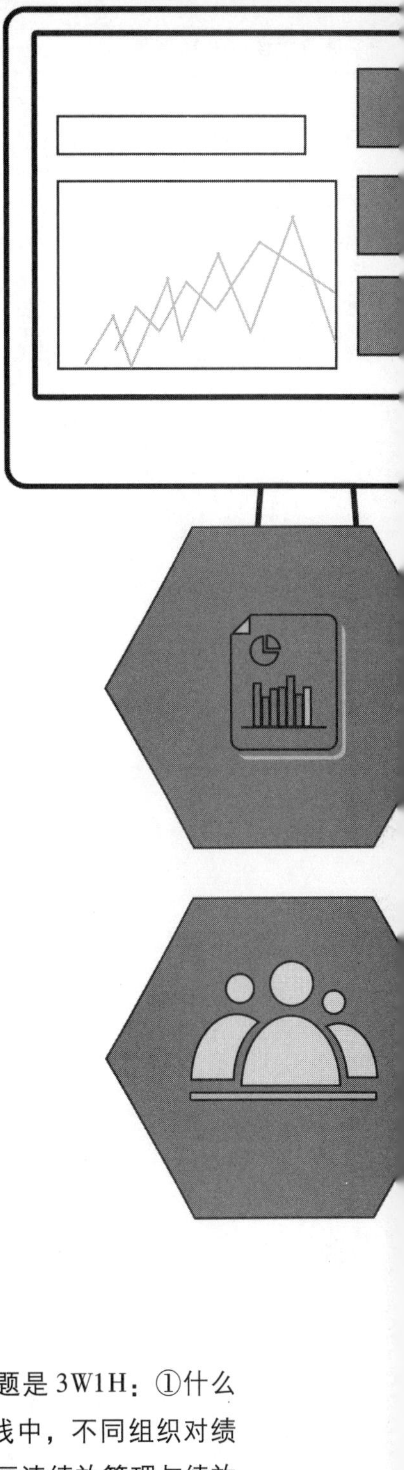

绩效是所有组织都关心的话题。本章需要掌握的问题是3W1H：①什么是绩效（What）？学术界对此仍有很大分歧；在管理实践中，不同组织对绩效的理解也有一定差异。②如何进行绩效管理（How）？厘清绩效管理与绩效考核的异同，这个问题就迎刃而解了。③为何进行绩效管理（Why）？绩效管理对于组织、管理者和员工各有哪些价值？④谁来进行绩效管理（Who）？搞清楚绩效管理责任主体及其职能对绩效管理实施非常重要。

- 什么是绩效
- 如何进行绩效管理
- 为何进行绩效管理
- 谁来进行绩效管理

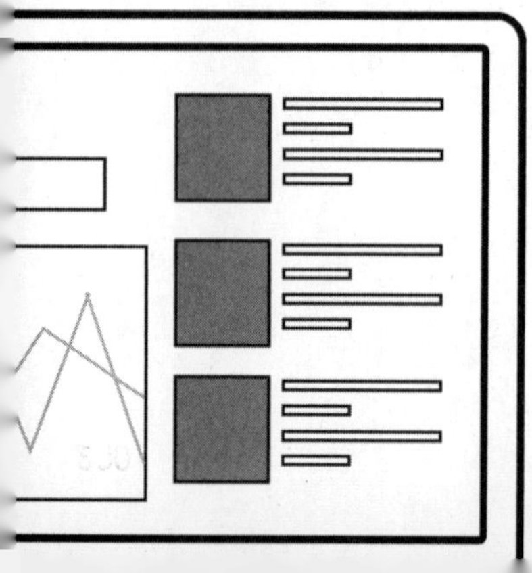

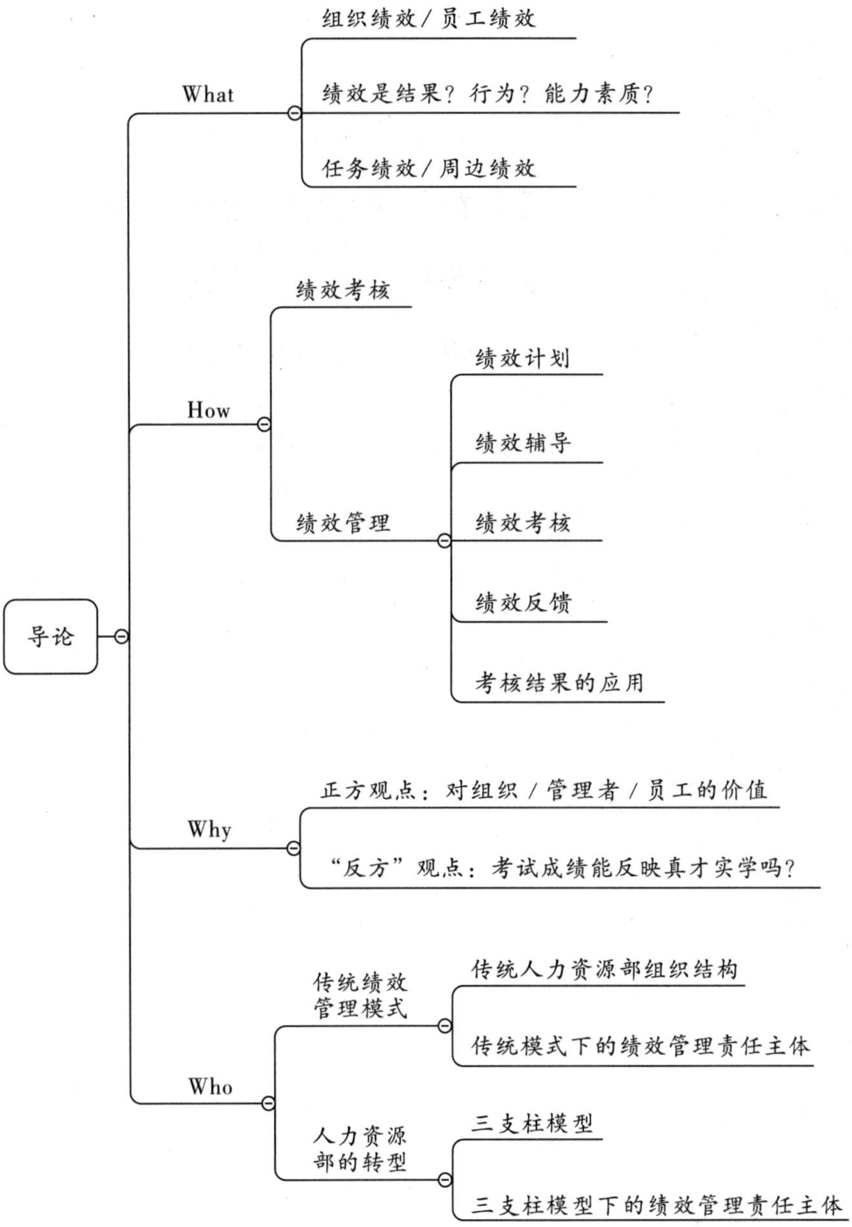
导论
What
组织绩效/员工绩效
绩效是结果？行为？能力素质？
任务绩效/周边绩效
How
绩效考核
绩效管理
绩效计划
绩效辅导
绩效考核
绩效反馈
考核结果的应用
Why
正方观点：对组织/管理者/员工的价值
“反方”观点：考试成绩能反映真才实学吗？
Who
传统绩效管理模式
传统人力资源部组织结构
传统模式下的绩效管理责任主体
人力资源部的转型
三支柱模型
三支柱模型下的绩效管理责任主体

第一节　什么是绩效

一、绩效的概念界定

绩效是组织期望的结果，是组织为实现其目标而展现在不同层面上的有效产出。有效产出包括工作任务与工作目标在数量和质量方面的完成情况。与此相应的，绩效可以划分为三个层面——组织绩效、部门绩效和员工绩效。绩效三个层面之间存在因果关系。

首先，在绩效制度设计合理的前提下，组织绩效建立在部门绩效和员工绩效实现的基础之上，员工绩效的提高能够促进部门绩效和组织绩效的提升（如图1－1所示），即员工绩效与组织绩效是联动共赢的。但是，如果绩效制度设计存在漏洞，员工绩效和组织绩效就未必能实现共赢。例如，某企业规定：电话客服人员的绩效考核要求是“电话响三声之内接起电话、有电话记录、记录完整无缺项；缺一项扣三分”。实际上，这并不能确保达到考核要求的客服人员真正解决客户的问题，对于企业重视的客户忠诚度也没有必然影响。如果客服人员态度不友好或业务不熟练，即使按照以上规则操作也会导致客户流失，给组织绩效带来负面影响。

其次，部门绩效之间、员工绩效之间也存在相互制约关系。例如，销售部门工作不力可能导致订单不足，这会影响到生产部门的产量；反过来，生产部门产品质量出现问题，也会影响销售部门的绩效。同理，团队中不同员工的绩效也会相互影响。

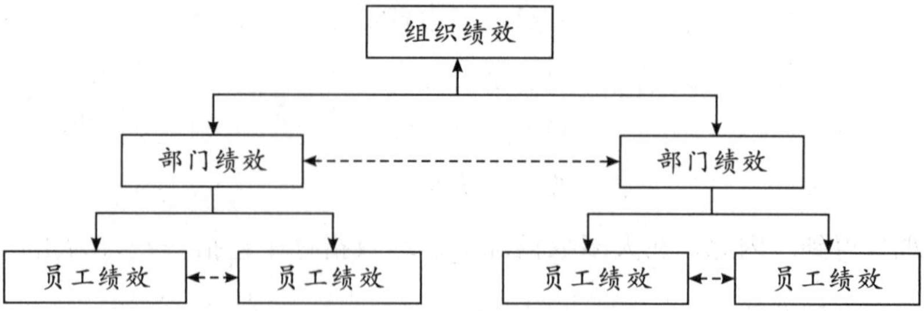

图1－1　绩效三个层面的相互关系

二、员工绩效的三种观点

鉴于正常情况下员工绩效在三个层面中的基础性作用，本书讨论出发点和核心定位于员工绩效。关于员工绩效指的是什么，主要存在以下三种观点。

1. 绩效是结果

最常见的观点认为，绩效是员工工作所达成的成果或产出。华为任正非曾经说过："上甘岭上出干部，不打粮食的兄弟不是好兄弟。"与这个观点一致的绩效概念有：关键成果领域（KRA）、关键绩效指标（KPI）等。支持者认为，考核应以结果为导向，因为结果或产出关乎公司的生死存亡。

与"绩效是结果"观点相似，也有人把绩效解释成"完成了工作任务"，这种解释出现得较早，其适用对象主要是一线生产工人或体力劳动者。对于这些岗位的员工来说，工作任务非常清晰，完成承担的工作任务也就意味着取得了工作结果。因此，"绩效是完成工作任务"与"绩效是结果"两种观点并没有本质区别。

不过，过分关注结果会导致忽视重要的行为过程，如果对行为过程缺乏控制，会导致工作结果不可靠。例如，以升学率来考核高中老师，可能出现忽略学生能力培养的应试教育。有些工作结果可能会受到与员工努力无关的其他因素影响，如果采用以结果为导向的考核会有失公允。另外，有些工作岗位的绩效考核难以量化，例如管理和行政人员。

2. 绩效是行为

该观点认为，绩效是由个体控制之下的与组织目标相关的行为组成。即绩效不是员工行为的结果，而是行为本身。以银行的柜台人员为例，如果按照结果来考核的话，无论是以"服务客户的数量"还是"人均客户的服务时间"为考核指标，都难以真正反映他们的工作绩效。因为客户所需办理业务的复杂程度不一，业务办理时间也不尽相同。将绩效定义为员工行为，是人们实际的行为表现，也较容易观察得到。因此，在大多数情况下，绩效指标中包括一些行为指标还是有益的。这种观点的缺陷是：要识别并界定员工的哪些行为与组织目标的实现有关，会加大管理难度。

3. 绩效是能力素质

该观点认为，员工的素质和能力是影响绩效的决定性因素，因此主张将能力素质纳入绩效评价的范畴。其理论依据来自美国心理学家麦克利兰（David C. McClelland）提出的“胜任力”概念。他认为，胜任力是将高绩效者与一般绩效者区分开来，并可以通过可信方式度量出来的动机、自我概念、态度、价值观、知识、可识别的行为技能和个人特征。该观点强调员工潜能与绩效的关系，关注员工能力的开发和未来发展，而不仅仅将绩效作为追溯过去、评价历史的工具。因此，尤其适合创新性工作岗位的评价，例如知识工作者、研发人员；此外，员工能力也经常在选拔性评价中使用。

综上所述，员工绩效在实践中的测量应该视具体岗位而言。不过，通过“结果 + 行为过程”来衡量绩效普遍适用于各类人员。

三、员工绩效的两个维度

1. 任务绩效与周边绩效

员工绩效包括任务绩效和周边绩效。这种观点来自莫托维多（Stephan Motowidlo）和斯科特（Van Scotter）两位学者。任务绩效是指与工作产出直接相关的，能够直接对员工工作结果进行评价的绩效指标。这种绩效与具体岗位的工作内容密切相关，同时受员工能力、完成任务的熟练程度和工作知识的影响。周边绩效是指与周边行为有关的绩效，属于角色外绩效。周边绩效能够促进组织内的沟通，对人际或部门沟通起润滑作用，有利于员工任务绩效的完成以及整个团队和组织绩效的提高。周边绩效包括以下行为：

（1）持续保持工作热情，为了高质量地完成工作，愿意付出额外努力。

（2）自愿承担本职工作之外的一些工作任务。

（3）热情帮助同事和顾客，愿意与他们合作。

（4）遵守组织的各项规章制度和工作程序。

（5）认可、支持以及维护组织的目标。

任务绩效与周边绩效的区别如表 1 – 1 所示：

表1-1　任务绩效与周边绩效的区别

比较维度	任务绩效	周边绩效
关注点	完成任务本身	进行人际互动、组织奉献
与岗位的关系	紧密相关	相关性不大
行为要求	岗位职责明确要求	非明确要求
影响因素	能力和技术	个性特征
考核方式	结果导向型	行为导向型
指标类型	硬性指标	软性指标
与组织绩效的关系	直接影响	间接影响

2. 为什么要重视周边绩效

（1）可以提高客户的满意度。不论管理水平多高的公司，都无法把岗位工作分配得天衣无缝；再加上外部环境常常发生变化，导致之前制定的岗位说明书往往赶不上变化。此时，如果仅仅关注任务绩效，很有可能导致一些尚未被界定清楚的工作无人问津，从而影响到内外部客户的满意度。

（2）可以协调团队成员之间的活动。周边绩效的考核有助于团队共同目标的形成，能够有效地协调团队成员和工作群体之间的活动。

（3）可以增强组织的文化吸引力。周边绩效的一些行为（例如对工作的投入、为同事的工作提供帮助、支持和维护组织的目标），可以培育具有团队导向、公平感和鼓励员工发展的企业文化，从而增强组织吸引力并留住优秀人才。

第二节　如何进行绩效管理

一、绩效考核与绩效管理

绩效考核是指对组织成员在日常工作中所表现的行为、态度和业绩，进行以事实为依据的评价。绩效管理则是以公司战略为导向，涵盖绩效计划、绩效辅导、绩效考核、绩效反馈、考核结果的应用等环节的动态循环系统（如图1-2所示）。

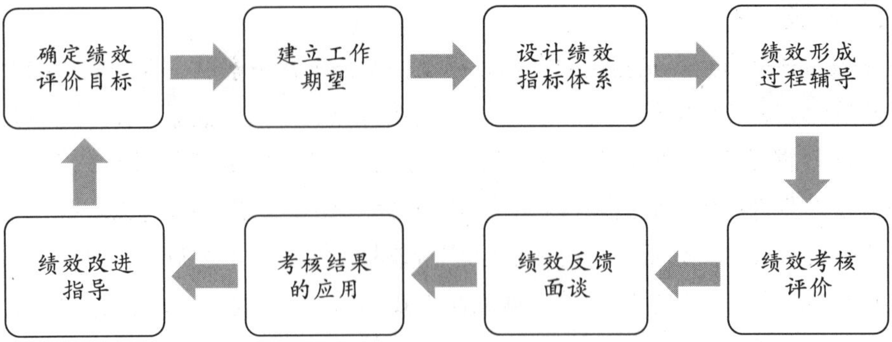

图1－2　绩效管理循环

二、绩效管理的流程

1. 绩效计划

绩效计划是绩效管理活动的前提和基础。其主要目的是帮助企业实现战略落地，通过战略分解，把任务落实到各个岗位上。制订绩效计划的关键是，管理者与员工沟通，对员工的绩效指标和绩效标准达成一致意见并形成契约。双方都要清楚在完成工作目标的过程中可能遇到的困难和障碍，并明确管理者应提供的支持和帮助。绩效计划环节的输出是绩效合约（又称“绩效责任合同”），其内容包括：员工的工作目标、实现目标的主要工作结果、衡量工作结果的指标和标准、各项工作所占权重。管理者和员工双方都必须在绩效合约上签字确认。

2. 绩效辅导

在绩效形成过程中，管理者要对员工的工作进行跟踪，及时发现问题并予以解决，适当的时候要根据实际情况对绩效计划进行调整。在此过程中，管理者的两项主要工作是：①观察员工的工作表现并做好记录。记录员工的绩效信息，目的是为后面的绩效考核准备充分的材料，同时为绩效改进提供分析依据。②持续与员工沟通并进行辅导、反馈。该环节的输出是绩效记录表或绩效辅导表，具体包括三部分：一是工作进度回顾，需要指明哪些方面的工作做得好、哪些方面需要进一步改善。二是工作行为反馈，即直线管理者通过真诚嘉奖员工的积极行为、坦诚地与员工沟通需要改进的行为、总结员工的看法、给员工提出改进要求以及相应建议。三是下一阶段的行动计划，需记录双方达成的共识，主要有下一阶段的主要工作事项、责任人、完成时间以及直线管理者承诺给予的资源支持。

3. 绩效考核

绩效考核是指按事先确定的工作目标及衡量标准，考察员工实际完成绩效的过程。这个过程需要收集到能够说明员工绩效表现的结果性数据，并与上一阶段的过程性数据结合起来进行评价。员工与其上级共同完成考核过程非常重要：①有利于双方都提供有效的绩效信息，减轻员工的防御心理。②可以增强员工对绩效考核结果公平性的感知，提高员工的绩效满意度。③重视员工自评，有助于员工识别自评与上级评价的差异，帮助员工找到亟须完善之处，尤其是当上级评价比员工自评更加负面时。

4. 绩效反馈

绩效考核完成后，管理者需要与员工面谈反馈考核结果。对于绩优者，绩效反馈可以使员工了解管理者对自己未来的期望，从而挖掘潜能，拓展新的发展空间；对于绩效欠佳者，绩效反馈可以让员工清楚自己的水平，认识到自己有待改进的地方。双方对绩效考核的结果达成一致意见后，可以就如何改进绩效进行充分沟通，并共同制订绩效改进计划。绩效反馈还有一个重要功能，就是协商下一个周期的绩效目标与绩效标准，从而使绩效管理活动得以连贯进行。

5. 考核结果的应用

考核结果的应用是落实绩效管理的手段与途径，包括薪酬分配与调薪、职务变动、员工培训与个人发展计划等。该流程并非绩效管理的终点，其目标是提高员工下一个周期的绩效。

由此看来，绩效考核与绩效管理在以下方面存在不同（见表 1 -2）：

表 1 -2 绩效考核与绩效管理的区别

比较维度	绩效考核	绩效管理
管理导向	以控制为中心	以战略为中心
时间维度	在绩效周期结束的某一时点进行考核	对整个绩效形成过程的监控与管理
关注重点	主要评估过去的表现	关注员工未来的发展
主要目的	薪酬调整和奖励	企业战略的落实和员工的共同成长
员工参与度	被考核者被动接受	被考核者主动参与

第三节　为何进行绩效管理

一、绩效管理对组织的价值

绩效管理是组织最基础的动力系统，它可以在以下三个层面发挥作用：

（1）提供激励。“衡量贡献、兑现奖惩”是绩效管理的初级层次。绩效管理是人力资源管理的枢纽和闸门，可为人力资源管理的其他职能部门的决策提供参考依据。华为任正非曾说：“绩效主义与高绩效文化是华为生存和发展的根本。谁最有业绩，谁才最有资源分配权和发言权。”

（2）提升业绩。“寻找差距，持续改善”是绩效管理的第二层次。薪酬激励并非绩效管理的目标而是手段。绩效管理的关注点还是提升绩效。组织可通过比较员工实际绩效与年初目标，寻找差距及其原因，然后有针对性地制订绩效改进方案，促进员工绩效的提升，进而增进组织绩效。

（3）上下同欲。“目标一致，利益一致”是绩效管理的最高层次。面对激烈的竞争环境和具不确定性的挑战，有效的人力资源管理将成为组织获取竞争优势的重要来源。绩效管理通过上下级之间的沟通，将组织的战略目标逐级分解到各级部门直至个体员工，根据绩效考核结果进行持续反馈和改进，使得部门与员工的努力方向聚焦，共同支撑企业战略目标的实现。在此过程中，员工参与了绩效计划的制订、绩效辅导、绩效数据的提供、绩效自评等环节，自身的利益和成长也得到了重视。

二、绩效管理对管理者的价值

（1）绩效信息的收集为管理者进行绩效考核提供了客观依据。为了在绩效周期末进行更明确的考核评价，管理者必须平时就收集员工行为和过程性绩效的证明。当然，过程性绩效信息的采集与保存还使管理活动更公平，使组织更好地避免法律诉讼。

（2）在绩效管理的过程中，管理者与员工之间要频繁沟通。这有助于融洽上下级的关系，形成和谐的组织氛围。

（3）绩效管理是管理者全面了解员工的重要手段之一，也是知人善任的前提条件。管理者应通过对员工的价值观、心理素质、知识技能、业绩表现等进行客观评价，分析员工所适合的职位，做到因事择人、人尽其才。

三、绩效管理对员工的价值

（1）绩效辅导可以帮助员工提高技能水平和改善行为，使员工更加胜任工作。

（2）绩效管理通过实行“多劳多得，少劳少得，不劳不得”的应用机制，增加员工完成工作的动力。这也是华为塑造“高压力—高绩效—高回报”绩效文化的逻辑。

（3）有效的绩效管理还可以提高员工的绩效满意度。在日本某个实验中，实验人员对实验组的第二次跳高设置了特定目标。实验结果显示，实验组第二次成绩比第一次成绩高10%以上的学生达到25人，且对第二次成绩感到满意的学生高达24人；反观参照组，以上两个结果指标分别为10人和3人（如表1－3所示）。这说明，绩效管理可以提升员工的客观绩效和主观满意度。

表1－3 日本关于目标设定与绩效关系的实验

班别	人数	第一次指示	第二次指示	第二次成绩比第一次成绩高10%以上的人数	对第二次成绩感到满意的人数
实验组	60人	尽可能地往上跳	在第一次记号上加一高度作为目标	25人	24人
参照组	60人	尽可能地往上跳	与第一次相同	10人	3人

第四节 谁来进行绩效管理

一、传统绩效管理模式

1. 传统人力资源部组织结构

传统的人力资源部是按照职能进行划分的（如图1－3所示）。人力资源管理六大模块具体指：人力资源规划、招聘与配置、培训与开发、绩效管理、薪酬管理、员工关系管理。绩效管理是其中的一个职能模块。

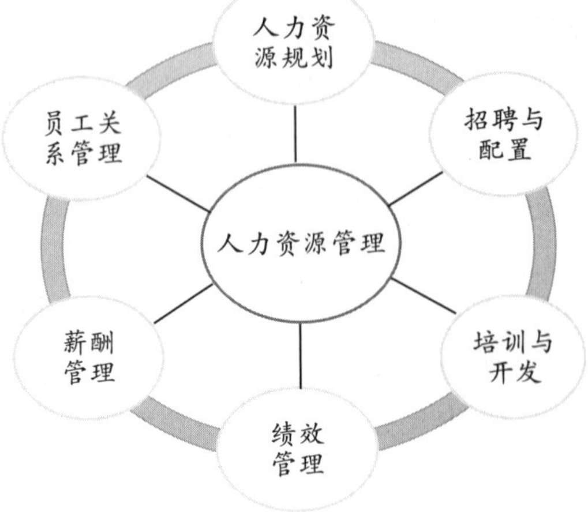

图 1－3　人力资源管理六大模块

2. 传统模式下的绩效管理责任主体

高层管理者是绩效管理重大政策的决策者，负责将公司的绩效目标分解到各部门，并审批各部门负责人的绩效合约，对员工的绩效申诉进行最终裁决。

人力资源部的绩效管理部门是绩效管理制度与流程的制定者。其与高层管理者在具体的实务操作上达成一致理解；负责监督和协调绩效管理的执行过程，了解绩效管理工作的进展情况，及时提供辅导与帮助；受理调查员工绩效投诉，并将调查结果提供给主管副总或总经理决策。最后，根据考核结果和公司的人力资源政策对绩效管理进行系统诊断，定期向决策者提供事实依据和建议。

直线经理是绩效管理的执行者和反馈者，向上对企业高管层负责，向下对下属员工的绩效改进负责。具体来说包括：①在绩效计划阶段，直线经理与下属共同制定并签署绩效合约。②在绩效实施阶段，与员工保持持续的绩效沟通，观察并记录员工的过程性绩效表现。③在绩效考核阶段，评估员工绩效，向人力资源部绩效管理部门提供本部门员工的绩效考核结果。④向员工提供绩效反馈，共同商议绩效改进方案；向人力资源部提供职权范围内的人事建议和决策参考。

员工是绩效直接责任人。员工既是绩效计划的执行者，也是被考核者，最后在直线上级的指导下拟订绩效改进计划，使自己获得能力和业绩的提升。

以上四个绩效管理责任主体的角色和相互关系如图 1－4 所示：

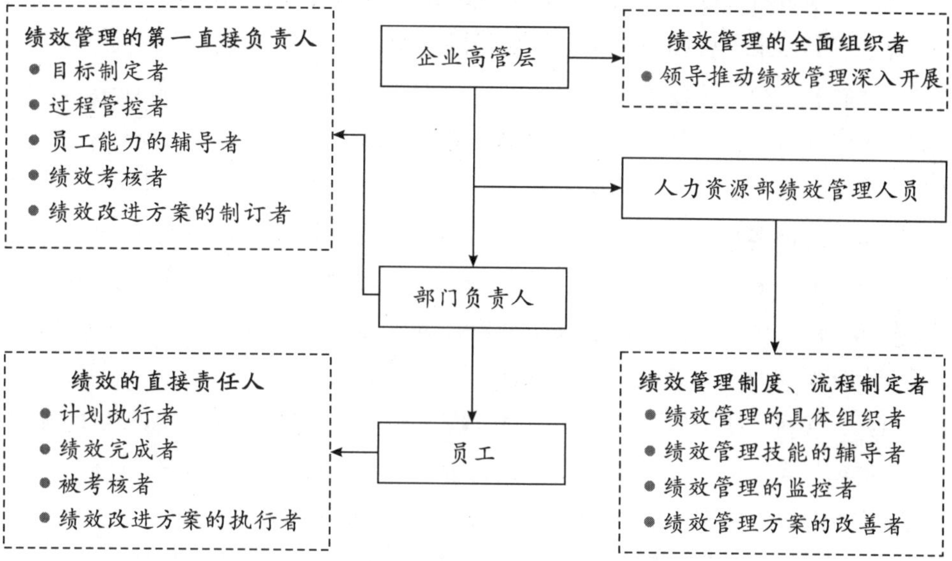

图 1－4　传统模式下绩效管理责任主体的角色

二、人力资源部的转型

随着企业发展对人力资源管理专业性和工作效率的要求越来越高，人力资源部组织结构的转型升级成为必然。人力资源三支柱模型就是当前较为流行的一种转型方式。与组织结构转型相对应的，绩效管理责任主体的角色职责也有变化。

1. 三支柱模型

人力资源三支柱模型是戴维·尤里奇（Dave Ulrich）于 1997 年提出的，即 COE（Center of Expertise，专家中心）、BP（Business Partner，业务伙伴）和 SSC（Shared Service Center，共享服务中心）。其提出的背景是：传统按职能划分的人力资源部的运作模式阻碍了人力资源的价值创造。每个职能板块同时负责政策制定、政策执行以及事务性支持，其弊端在业务和地域多元化的大型公司体现得尤为明显。首先，人力资源部各职能板块在总部、业务事业部和区域事业部层层复制，效率并不高。其次，当业务部门提出需求时，人力资源部往往从某个职能板块角度提供方案，然后作为公司政策要求推广；但下级单位的业务领导者觉得人力资源部在强制推行政策，缺乏对一线业务的理解。因此，要实现业务增值，人力资源部必须从职能向业务导向转型，这就出现了人力资源角色的细分问题。

根据客户细分理论，HR 可以把目标客户分成三类：①高层管理者。其需求主要围绕战略执行所需的组织、人才、文化、制度及变革管理等方面的支持。②中层管理者。其需求主要围绕人员管理方面的咨询、辅导和工具。③员工。其需求主要围绕解答人力资源政策方面的疑问，并提供便捷的服务支持，例如劳动合同、入职手续、薪资发放。其中，第一类客户的需求高度定制化，第三类客户的需求相对标准化，第二类客户介于这两者之间。

同服务外部客户一样，最难满足的是不同业务部门的定制化需求，为此 BP 应运而生，他们扮演的是业务部门顾问和 HR 客户经理的角色。BP 的主要职能是挖掘业务部门的具体需求，提供咨询服务和解决方案。他们是确保人力资源贴近业务需求、从职能向业务导向转型的关键。

但是，提供解决方案意味着需要同时精通业务和人力资源各职能领域的知识。寻找一群样样精通的人才并不现实。在这种情况下，就出现了 COE。他们的角色类似于 HR 的技术专家，借助精深的专业技能和对领先实践的掌握，负责设计业务导向、创新的人力资源政策、流程和方案，并为 HR BP 提供技术支持。

如果希望 COE 和 BP 聚焦在战略性、咨询性工作，就必须把他们从事务性工作中解脱出来。同时，HR 的第三类客户——需求往往是相对同质的，存在标准化、规模化的可能。因此，SSC 就出现了。SSC 是 HR 标准服务的提供者，他们负责解答员工对人力资源政策的问询，帮助 BP 和 COE 从事务性工作中解脱出来，并对服务的满意度和运营负责。

综上所述，以三支柱为支撑的人力资源体系源于公司战略，服务于公司业务，其核心理念是通过组织能力再造，让 HR 更好地精准定位并创造价值。

案例 1　腾讯的人力资源三支柱模型

腾讯的人力资源三支柱定位非常清晰。其中，COE 负责战略参与、流程优化、制度设计、标准确定和文化培养；BP 负责战略落地、了解业务，针对业务部门的个性化需求提供专业的解决方案，协助各业务部门负责人以及管理者在员工发展、梳理需求、整合资源、发掘人才和培养能力等方面的工作；SSC 负责承接并落实 COE 要贯彻的人力资源战略；在各个事业群的 BP 对其人力资源需求进行分析后，SSC 要交付招聘、培训、员工关系等人力资源需求。

腾讯 HR 架构模式按照上述思路设计（如图 1－5 所示），在保持 COE 和 BP 职能角色的同时，于2010年将SSC升级为人力资源平台部，即SDC（Shared Deliver Center）。腾讯SDC通过对集团各区域共性HR解决方案的集成、E－HR信息化的集成、人事运营服务的集成，实现对业务端HR共性需求的标准交付、员工端HR基础事务的及时受理、HR内部COE及BP端人力资源运营工作的有效剥离与整合支撑。

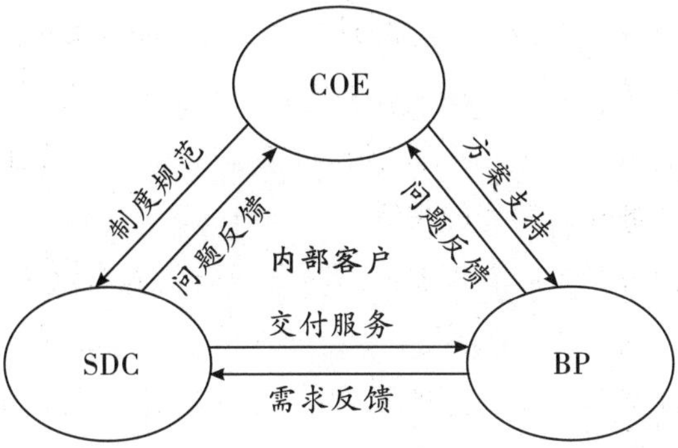

图1－5 腾讯人力资源三支柱模型

关于腾讯人力资源部的转型以及三大服务机构的整合串联，腾讯举了这样一个例子："在招聘活动过程中，BP的关注点在于需求是否合理、人员是否合适；COE的关注点在于通过什么样的方式和工具更好地识别需要的人才。而如何高效地纳入人才、快速地满足需求，就需要人力资源平台部统一处理与实现。例如，前期的cold－call活动由基础人事运营服务和咨询机构承担；在与BP实时沟通，明确需求特征，并进行候选人筛选时，由区域集成的共性HR解决方案服务和咨询机构承担；在整个招聘过程中，如何让流程更顺畅高效，需要HR信息化建设服务和实施机构负责。"

资料来源：HRsee. 腾讯的HRBP三支柱模型.（2019－03－20）. HR案例网，http://www.hrsee.com/?id=1052.

当然，并非所有企业都适用三支柱模式，但这并不影响企业按需转型，根据自身需要去发展适应本企业的HRBP；而架设完整三支柱模式的公司则应满足以下条件：

（1）企业具有一定的规模。

（2）人力资源活动的相似性。各子公司或下设机构的人力资源活动有较高的相似性，可以将某些人力资源工作从下面收归到集团层面来进行统一处理。

（3）人力资源战略定位清晰。企业高层领导重视人力资源管理，具有从人力资源管理方面提升企业竞争力的愿望。

（4）信息化基础比较完善。三支柱模型需要将流程制度权限与信息系统结合，完成企业集团管控的落地，包括“管理制度化→制度流程化→流程表单化→表单信息化”的建设过程。

（5）适应变革的企业文化。

2. 三支柱模型下的绩效管理责任主体

与传统模式不同的地方在于，人力资源部组织架构的转型，使得HR内部不同支柱的服务对象有所区别，工作职责也有针对性变化：

高层管理者是绩效管理重大政策的决策者，并直接负责将公司的绩效目标分解到各部门。在此过程中，HRCOE要服务高层管理者制定HR战略、人力资源政策、绩效管理和薪酬管理等制度。

业务部门负责人是绩效管理的执行者和反馈者。他们向上对公司的绩效管理体系负责，向下对员工绩效提高负责。在此过程中，HRBP将深入业务一线，密切配合业务经理的需求，发现业务单元的问题与痛点，并提供相应的解决方案。

员工是绩效管理的具体落实者，与直线上级保持沟通，签署绩效合约；认真执行绩效计划。在完成绩效目标的过程中，员工可以随时通过HRSSC的eHR获取定期报表、日常工作表现的动态数据、管理者反馈的绩效信息，使用绩效工资与奖金测算、流程发起与审批等服务。考核结束后，员工在管理者的指导下拟订绩效改进方案。

案例2 某集团公司人力资源三支柱变革

一、公司背景

国内某集团公司拥有六大业务板块，主打产品700多种，目前下辖四家分公司，拥有员工近万人，年营收超过300亿元。随着公司业绩和规模的不断扩大，企业人力资源管理的弊端不断显露，明显成为企业发展的制约因素。

（1）集团人力资源管理部门职能弱化，人力资源政策制定与研究能力有待加强，导致现有人力资源政策滞后于业务发展，不能有效支撑业务战略目标的实现。

（2）集团人力资源管理模式比较粗放，只是强调管控和执行，大部分工作还是停留在经验管理的层面，缺少系统性的思维和解决方案。

(3) 虽然企业发展很快，但是薪酬体系并没有随着业务的发展与时俱进，员工的薪酬水平变化不大，导致公司一些骨干人才流失，引起了企业管理层的警觉。

(4) 现有组织规划不清晰，事业部与分公司的人力资源管理部门没有进行明晰的定位，导致各自为政，管理边界模糊。

(5) HR 岗位设置有问题，大量事务性工作缠身，疲于应付，对业务部门的需求响应不及时，难以提供高质量的服务。

针对以上弊端，集团公司也进行了一些尝试和探索，但是效果并不理想。而此时，集团公司提出未来几年内进军千亿级企业的发展规划目标，要求人力资源体系能够有效支撑“五年突破 2 万人，十年突破 3 万人”的目标，期望人力资源管理工作能够助力公司战略、推动组织变革、提供专业快捷的人力资源服务、灵活高效地支持一线业务单元人力资源工作，真正成为业务驱动力。

在此背景下，该集团公司开始邀请“外脑”对现有人力资源体系进行优化。得出的结论是：现有人力资源体系必须从传统的事务性人事部门转型升级为注重公司业务发展需要的战略部门，而这需要的不是某个模块的优化，而是系统性的价值转型突破。在管理咨询公司的建议下，该公司开启了 HR 三支柱模式的变革之路。

二、人力资源改革方案

基于三支柱理念，该集团公司对人力资源现有组织架构进行重新设计：首先，为加强和规范人力资源业务管理，成立人力资源管理委员会；其次，为提高人力资源运营效率，降低企业运营成本，加强集团管控，取消集团总部、各事业部和分公司的人力资源管理部，建立集团人力资源管理三支柱管理体系，设置集团公司人力资源中心，下设招聘管理部、薪酬绩效部、培训发展部及 HRBP 管理团队。设置人力资源运营部，解决企业人力资源管理日常事务性、流程性工作。具体说明如下：

(1) 决策层——人力资源管理委员会，集团人力资源管理工作最高决策机构，设主任一名，由董事长担任；设常任委员三名，由执行总裁每半年进行轮值。

(2) HRCOE——由招聘管理部、薪酬绩效部、培训发展部三个部门组成。

(3) HRBP——设置两大 HRBP 团队，分别对应生产业务和销售业务。该集团 HRBP 编制及薪酬预算归属集团人力资源中心；人力资源中心按年度对 HRBP 进行胜任情况盘点，并决定是否继续聘任。HRBP 月度及年度绩效考核由所属事业部/子公司总经理评价，绩效工资报人力资源中心审核后，由人力资源中心统一兑现。

HRBP 日常业务处理向所属事业部/子公司总经理汇报，并承担相应绩效考核；HRBP 接受来自集团人力资源中心的专业指导或专项工作。日常工作由所属事业部/子公司总经理安排，专业问题向集团人力资源中心汇报。

（4）HRSSC 层——人力资源运营部。集团人力资源运营部主要是根据集团战略发展需求，搭建人力资源共享服务流程与政策，严格管控薪酬、招聘、社保等标准的执行，引入先进信息化系统，实现高效运行。根据人力资源专业模块，人力资源运营部下设薪酬组、招聘组、保险组、绩效组、培训组、岗位管理组。

同时，将人力资源普通人员的编制统一划归 HRSSC，根据其工作特点采取部分集中、部分驻场工作的方式。各 HRBP、HRCOE 与 HRSSC 按内部客户调整工作关系。

三、变革的具体措施

集团现有人力系统（人力资源基本信息、薪酬）基础模块较为完备，因此可以采取“现有人力系统外接专业招聘系统”的策略，即基于三支柱理念及系统供应商新开发功能对人力系统已实现功能进行维护与更新，同时引入专业招聘软件，尽快实现招聘系统上线需求。由于集团各公司绩效考核较为复杂，暂不引入绩效系统。

集团三支柱变革落地措施：

（1）获取企业高层领导的理解与支持。集团人力资源中心和集团决策层进行了多轮深入沟通，同时也采用了逐个与各事业部/子公司总经理沟通和集中讲解培训的方式，最终在人力资源三支柱模型建设方面达成了共识。

（2）人力资源管理体系人员重新配置——全员下岗，全员竞聘。三支柱模型的推广与落地离不开优秀人才，尤其是人员的选择必须符合实际。集团采取人力资源系统全员下岗，全员竞聘，内外部招聘相结合的方式，通过严格的笔试、评价等一系列测评手段，对人才进行评价，同时结合日常绩效表现，将合适的人配置到合适的岗位上，为三支柱的成功落地奠定了人力资源基础。

（3）HRCOE 不追求数量，而保持其精英本质。真正精通某一领域，同时具有战略性和前瞻性的 HRCOE 非常缺乏，一旦 COE 没有专业的权威，政策制定与实际割裂，对业务和 HR 内部的负面影响都很大。因此，集团坚持 HRCOE 精英本质，以宁缺毋滥为原则，编制精简，一两千人才配置一名人力资源专家，而且 HRCOE 的职级一般设置在总监及以上级别。在人员选拔上，优先选择在人力资源某一专业领域具有多年工作经验且精通业务的高质量专业人员。

（4）提升 HRBP 定位，精简 HRBP 配置比例，提升 HRBP 群体质量，树立标杆。集团 HRBP 定位于各事业部/子公司总经理的“政委”，为他们在人员管理、思想统一、文化传承等工作上提供专业服务。HRBP 在专业方面与集团人力资源中心保持密切联系，不断从集团人力资源中心或其他 HRBP 那里获得新的管理能力和思想。在职级上，HRBP 定位在经理及以上级别。

这就对 HRBP 提出了更高的要求，既需要懂 BP 业务，又要具备 HR 专业思考能力，在市场和企业中是不可能找到大批合格的 HRBP 的，但这个角色能否得到业务部门认同是三支柱转型成功的关键。因此，集团宁可配置较低比例，也不降低标准，并且优先从销售、生产、研发一线选择优秀的业务主管担任 HRBP 的角色。

（5）从易处着手，创造可见的、明确的小胜利，推动变革的成功。人力资源的变革，不可能一蹴而就，随着时间推进，阻力甚至会越来越大。领导变革之父约翰·P. 科特认为，没有创造一个又一个短期的胜利是变革失败的最主要原因之一。

因此，集团在三支柱转型中，很重要的一点在于持续创造一些可见的、明确的小胜利，有利于累积信心，推动转型继续。例如，HRBP 经理很难从现有的事务性角色一下子转变成业务伙伴，同时解决好业务组织、人员激励、文化建设等所有关键问题也不现实，所以在初期阶段，集团 HRBP 先从容易界定的人才盘点、人才规划、人员发展等入手，帮业务部门解决好最常见的人员问题，获得认可后，再逐步介入复杂的组织变革、薪酬激励、企业文化等。

（6）注重管理意识和工作方式的改变。人力资源转型实际上意味着新的组织模式和经营管理模式的转变，人力资源管理体系需要建立起新的思维体系和新的工作方式，需要考虑如何适应企业战略的需求、业务发展的诉求、人才供应的要求，据此研究和设计企业战略业务发展所需的人力资源解决方案，特别是 HRBP。

HRBP 不是一个普通职位，而代表着一种思维，也是一种能力。在转型中，应从 HRBP 的能力上进行系统性提升，使其在工作中懂得用“变焦镜”来聚焦核心问题，成为提供前瞻性洞察的“战略业务伙伴”。围绕业务价值链，从效能、效率、质量等维度建立结构化的工作衡量指标体系，以数据推动工作优化，强调没有数据就没有改进。

（7）选择合适的招聘系统，对现有人力资源信息系统进行完善。为支撑三支柱更好地落地，集团在现有信息系统基础之上，引入招聘管理信息化系统，大大提升了招聘工作效率。在引入招聘系统之前，集团简历信息分布在各事业部/子公司的人才库，难以做到共享，同时，由于招聘渠道人力资源中心较为分散，未能有效整合各种渠道资源。除此之外，招聘数据分析工作不到位，没有根据数据推动招聘工作。基于上述考虑，集团从数据结构稳定性、与三支柱理念匹配性、系统完备性、可操作性、成本等维度考虑，从多家系统供应商中优中选优，引入了适合集团发展实际的招聘管理系统，最大限度地提高了招聘工作的运行效率，实现了招聘数据的共享，提高了数据分析的准确性。

（8）通过培训和学习不断提高 HR 业务素质。在实施三支柱管理模式以后，员工的技能与新的管理模式有一定差距。为了保证三支柱能够尽快正常运营，集团对 HR 人员的思想认识、技能等进行了一系列专门、系统的培训，特别是新角色 HRBP、HRCOE。

四、三支柱改革成效

三支柱改革，牵一发而动全身。由于人力资源三支柱的推广落地，在人力资源体系人才队伍建设上，集团打造了既懂业务又具备一定人力资源专业知识的 BP 人才队伍，由业务部门引入兼职骨干 10 人，大幅提升了人力资源系统服务业务的能力。按照工作区域集中管理、专业纵向集成管理的原则，实现人员共享，人力资源运营人员精简十几人。相信随着未来流程优化和信息化的进行，将大幅提升劳动管理效率，也可继续优化人力资源体系人员结构，提升人员素质。

人力资源三支柱模型给集团公司带来的不仅仅是人力资源管理的改变，更为重要的是通过三支柱模型推动了集团流程化、制度化的变革。随着三支柱模型的推广，人力资源需求规划、人才盘点、招聘标准、入职流程等工作都逐步实现了标准化和审批的流程化。

在三支柱模式下，人力资源中心实际上作为一个新兴部门，内部功能角色及运作方式发生了根本的变化。因此，集团对人力资源管理关键流程进行了重新梳理。以招聘管理流程为例，在人力资源三支柱模式执行之前，一般是由各事业部/子公司自行发布招聘信息，进行面试后再报集团人力资源部审批。由于审批流程过长，招聘的时效性难以保证；另外，由于集团人力资源部远离业务实践，很难准确评判候选人是否合适。由于集团人力资源部审批很难发挥作用，在一定程度上造成了事业部/子公司招聘标准执行不严，任人唯亲现象的发生。

因此，在重新设计招聘流程时，集团对招聘岗位职责要求、简历筛选、面试和入职手续办理进行了切分。首先，由各 HRBP 根据年初制订的招聘规划进行岗位职责、招聘标准、到岗时间等信息制定招聘需求。其次，由 HRSSC 根据招聘需求进行招聘信息发布和简历筛选。由于制定标准和操作标准分属 HRBP 和 HRSSC，这就在最大程度上保证了流程执行的严肃性。HRSSC 将筛选出的简历转交 HRBP，由 HRBP 完成面试工作。最后，由 HRSSC 根据标准流程完成入职手续办理。之前平均人员招聘到岗时间为 15 天，目前已缩减到 8 天。

另外，集团的培训工作也得到了很大改善。针对不同类别和级别的培训课程体系已初步建立，在原来的培训基础上已开发出管理类、专业类课程 50 余门。更为关键的是，随着三支柱的推广，人力资源管理的制度化和流程化得到了很大改善，各事业部/子公司总经理的团队管理意识和经营意识也得以有效发挥。

资料来源：HRsee. 某集团公司从人力资源管理到三支柱变革的经典案例. (2021－10－03). HR 案例网，https://www.hrsee.com/?id＝2486.

第二章

绩效计划

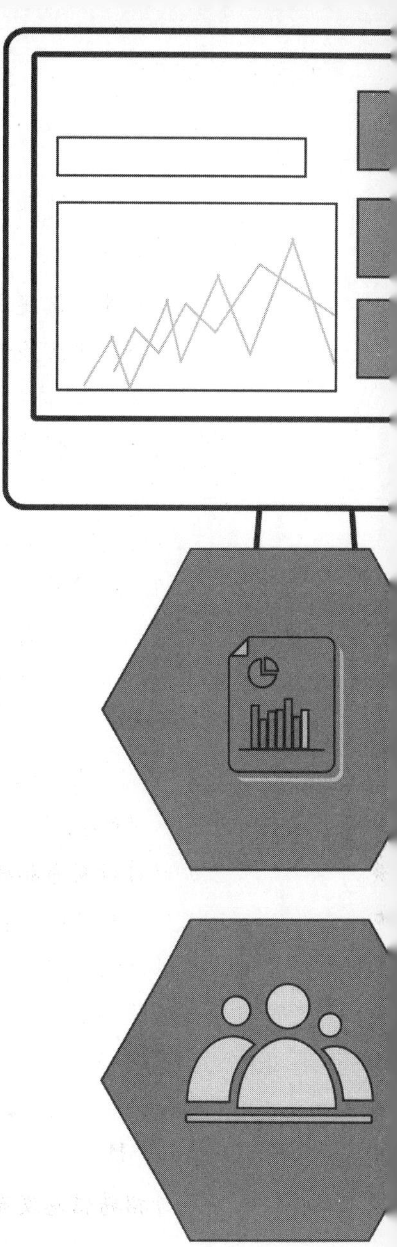

绩效计划是管理者与员工共同讨论并确定员工在评估期内绩效目标的过程。本章按照绩效计划制订的步骤进行阐述：①简要介绍绩效计划制订的基本流程与原则。②绩效目标由绩效指标和绩效标准构成。绩效指标该如何提取？不同性质的部门或岗位，绩效指标的提取方式有所不同。绩效标准又该如何确定？③一个绩效目标可能会通过几个绩效指标来实现，但不同指标的重要性会有差异，有哪些权重设置的方法？④绩效指标体系制定之后，需要确定不同部门或岗位员工的绩效考核周期。⑤管理者和员工就以上内容达成共识，双方共同签署绩效合约。

- ⊙ 绩效计划的制订流程
- ⊙ 绩效指标的设计与提取
- ⊙ 绩效标准的确定
- ⊙ 绩效指标的权重设置
- ⊙ 绩效考核周期的设定
- ⊙ 绩效合约的形成与确认

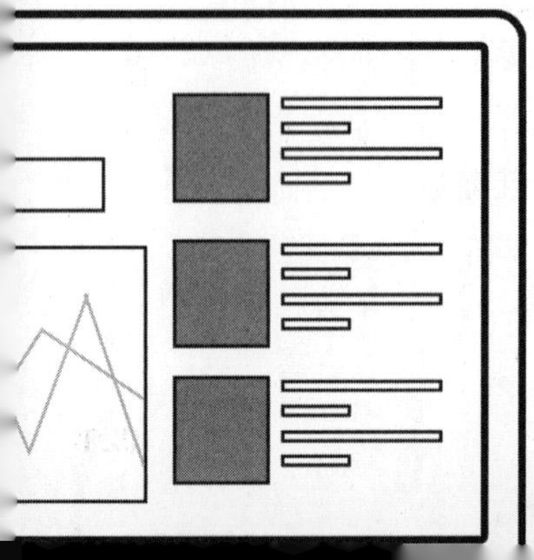

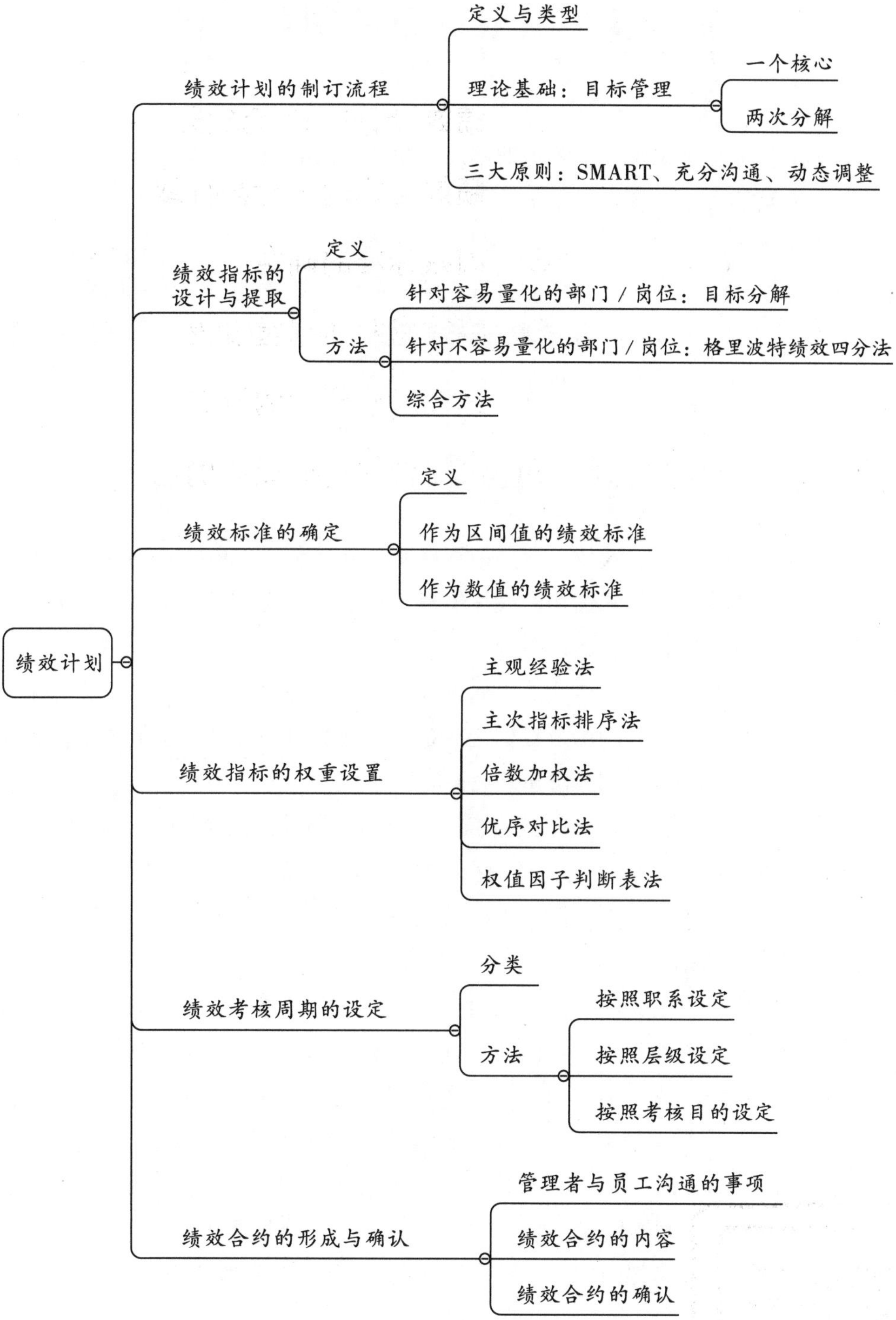
绩效计划
绩效计划的制订流程
定义与类型
理论基础：目标管理
一个核心
两次分解
三大原则：SMART、充分沟通、动态调整
绩效指标的设计与提取
定义
方法
针对容易量化的部门 / 岗位：目标分解
针对不容易量化的部门 / 岗位：格里波特绩效四分法
综合方法
绩效标准的确定
定义
作为区间值的绩效标准
作为数值的绩效标准
绩效指标的权重设置
主观经验法
主次指标排序法
倍数加权法
优序对比法
权值因子判断表法
绩效考核周期的设定
分类
方法
按照职系设定
按照层级设定
按照考核目的设定
绩效合约的形成与确认
管理者与员工沟通的事项
绩效合约的内容
绩效合约的确认

第一节　绩效计划的制订流程

绩效计划是一个组织绩效管理的起点。绩效计划的制定工作技术性很强，其系统性、科学性和可操作性对整个绩效管理系统都会产生重要影响。那么，什么是绩效计划呢？本书基于动态视角认为，制订绩效计划就是管理者和员工共同讨论以确定员工评估期内绩效目标的过程。绩效目标是绩效计划的关键内容，是通过对组织战略的分解和细化，将抽象战略转化为可操作的具体行动，是确定绩效指标、绩效标准和行动方案的基础。

一、绩效目标的定义与类型

在绩效管理系统中，绩效目标是指管理者与员工在使命和核心价值观的指引下，对组织战略进行分解和细化，最终体现为员工在绩效周期内需要完成的各项工作。常见的绩效目标有以下类型：

第一，按照层次的不同，绩效目标可以分为组织绩效目标、部门绩效目标和员工绩效目标。不同层次的绩效目标之间是一个具有因果关系的逻辑体系，通过对上一级绩效目标的承接与分解建立关系。

第二，按照目标的来源，绩效目标可以分为战略绩效目标和一般绩效目标。战略绩效目标来源于组织战略目标的分解，强调为实现组织战略目标群策群力、协同合作。一般绩效目标则来源于组织系统内具体岗位职责的要求，是维持组织正常运行必须从事的日常工作。

第三，按照目标的协同要求，纵向上，绩效目标可分为承接目标、分解目标和独有目标。如果某个组织层面的任务直接由某个部门负责，那么部门绩效目标直接从组织的绩效计划中纳入，并与组织绩效目标、指标等内容表述保持一致，这类目标即承接目标。如果组织层面的任务需要由多个相关部门共同完成，那么，在设计部门绩效计划时，该任务要被拆分成几个相关目标纳入各部门绩效计划，组织层面与部门层面的绩效目标、指标表述不一致，但具有显著相关性，这类目标被称为分解目标。由于各部门职责不同，在设计部门绩效计划时还要考虑部门职责，有些目标在组织层面的绩效计划中没有出现，故称为独有目标。横向上，绩效目标可分为共享目标、分享目标和独有目标。

二、绩效目标制定的基本流程

制定绩效目标的理论基础是目标管理。管理学者德鲁克（Peter F. Drucker）于1954年在《管理的实践》一书中最先提出目标管理的概念。德鲁克认为：①并不是先有工作才有目标，而是先有目标才能确定每个员工的工作。管理者应该通过目标对下属进行管理。②当高层管理者确定了组织目标后，必须对其进行有效分解，转变成各个部门以及每个员工的目标；期末管理者根据目标的完成情况对员工进行考核。在目标实现过程中，强调员工的自我控制。在德鲁克之后，许多管理学者对目标管理理论的发展做出了贡献。美国学者奥迪奥恩（George S. Odiorne）指出，目标管理是一种参与式管理，即组织中上级和下属共同确定目标，根据对每个人的预期结果来规定其主要责任范围，并利用这些指标来指导他们所在部门的活动并评价每个员工的贡献。麦克雷戈（Douglas M. McGregor）则强调，管理者在实施目标管理的过程中，其重要角色在于沟通而不再是监督。

遵循目标管理理论的思路，绩效目标的制定通常包含以下步骤（见图2-1）：

第一步，对于一个新创企业来说，成立由高层领导者参与的战略规划小组，负责拟定和描述组织的愿景；在高管层达成共识后，确定组织的战略目标。而对于一个成熟企业来说，在董事会的战略规划会议或年度策略研究会议上，直接根据组织愿景与战略，结合年度工作计划，制定组织的绩效目标。

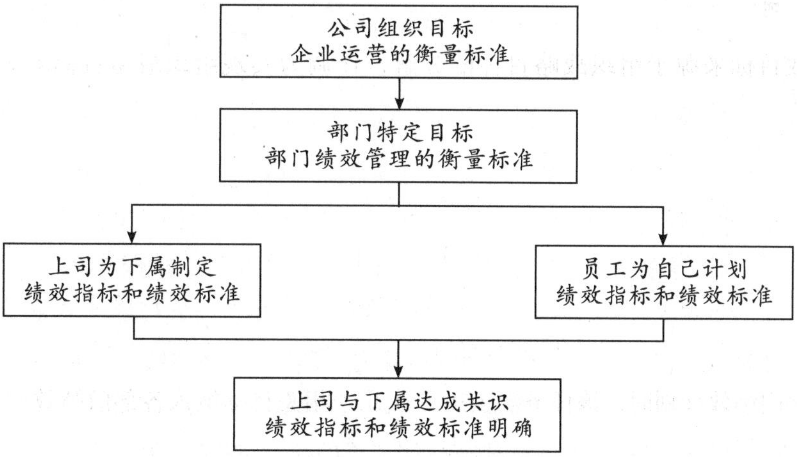

图2-1 制定绩效目标的基本流程

第二步，高层领导者与各自分管部门的管理者组成小组，商议各部门的发展目标；然后根据部门目标和工作计划，制定部门的绩效目标。管理者需要注意部门绩效目标和组织绩效目标的纵向协同，以及不同部门之间的横向协同。

第三步，部门管理者与员工就部门绩效目标的分解和实现方式进行充分沟通，形成每个员工的绩效目标。在这一过程中，上级需要统筹协调每个员工的工作内容，保证本部门的目标能够实现，同时要确保每个员工都有充分的发言权，并鼓励他们积极参与绩效目标的制定。这一步骤主要是通过部门全体会议实现的。在会上，部门管理者要向员工传达企业战略、培训绩效理念，分析部门目标并制订员工个人的绩效计划。员工如果对绩效指标提炼、绩效标准、完成绩效过程的可能障碍及资源支持存在疑问，可以和部门管理者进行单独面谈，双方充分商讨之后达成一致意见，确定员工的绩效目标。

三、绩效目标制定的基本原则

1. SMART 原则

“S”（Specific）是指绩效目标应该明确具体。其中，绩效指标要与特定岗位的工作目标切合，不能太笼统；绩效标准的制定应尽可能量化。对于难以量化的行为指标，要对其各等级的标准进行详细描述，帮助员工做到心中有数，更好地实现各项考核指标。

“M”（Measurable）是指绩效目标应该是可衡量的。具体包括两个方面：第一，绩效指标必须是可量化或者可以清晰描述的行为；第二，绩效指标的数据信息是可获得的。有企业要求客服人员在“电话铃响 3 声前拿起电话”，这种绩效数据采集非常困难，无法监控，也难以考评。

“A”（Attainable）是指绩效目标应该是可达到的。绩效目标在被考核对象付出努力的情况下是可以实现的。要预防目标过高导致员工失去信心和动力的情况；当然，目标制定得太低也就失去了考核的意义。因此，在绩效目标制定过程中，管理者和下属需要充分沟通，共同制定既有挑战性又有可行性的绩效目标。

“R”（Relevant）是指绩效目标之间要相关。首先，绩效目标体系要与组织战略相关；其次，员工的绩效目标之间要协同，共同支撑部门绩效目标和组织绩效目标的实现。该原则要求管理者对组织战略有清晰界定，在目标分解和承接过程中要避免制定对组织战略无贡献甚至适得其反的绩效目标。

“T”（Time-limited）是指绩效目标应有时限性。即确定绩效任务的进度安排，并配备时间节点和完成的截止期限。这样才能有效监督绩效目标，以便在出现问题时及时对下属进行绩效辅导。

2. 充分沟通原则

在制定绩效目标的过程中，管理者和下属需要进行充分、平等、全面的沟通。要确保下属有机会参与制定绩效目标的过程，提高下属对绩效目标的认同，进而提高目标实现的可能性。沟通的内容不应只限于绩效指标和绩效标准，还可以涉及如何改进工作、提升绩效等方面。实际上，沟通是绩效管理的灵魂，沟通效果比绩效考核本身更重要。

3. 动态调整原则

确定绩效目标之后，因为市场和技术都处在不断的发展变化之中，所以管理者还要与下属持续沟通，对现有绩效目标进行修正和完善。尤其在有阶段性目标的情形下，这种调整应该更频繁。如果下属在上一阶段轻易达到了目标，管理者应该分析其中是否有特殊原因，可以有针对性地上调目标；相反，如果目标明显不能实现，管理者也应在分析具体原因之后决定是否适当下调目标。

第二节　绩效指标的设计与提取

绩效指标和绩效标准是构成绩效目标的两个重要部分。绩效指标考虑的是员工要关注哪些方面才能实现战略目标；而绩效标准考虑的是各类绩效指标应该做到何种程度才符合组织的期望。一个绩效目标可以包括多个绩效指标及衡量标准。绩效指标过少，可能无法反映各岗位的关键工作内容。对于行为类指标无法量化的问题，需要有明确的考核项及衡量标准。本节重点介绍绩效指标的设计与提取。

一、绩效指标的定义

绩效指标是指企业应该从哪些方面对员工进行考核和评价。它是对绩效目标的承载，也是一种量化表达。在绩效计划中，绩效指标的设计既是关键也是难点。高效的绩效指标设计既要服务于企业战略的实现，也要考虑管理成本。一个完整的绩效指标结构包括了岗位名称、考核项目、指标名称、计算公式、数据责任方等。表 2－1 列示了人力资源部绩效专员的绩效指标。

表2－1　人力资源部绩效专员岗位的绩效指标（示例）

岗位名称	考核项目	指标名称	计算公式	数据责任方			
				统计人	提供人	提供时间	归集部门
绩效专员	数据收集	数据提交的及时性	提交的绩效数据/应提交的绩效数据×100%	人力资源部人员	人力资源部人员	每月5日前	人力资源部
	绩效考核	考核结果的准确率	考核结果准确的数量/考核结果总数量×100%	人力资源部人员	人力资源部人员	每月5日前	人力资源部

二、绩效指标提取的方法

针对不同部门或岗位，绩效指标的提取方法会有不同。对于容易量化的部门或岗位，绩效指标的提取是从公司战略出发，通过对绩效目标的层层分解来承接具体的绩效指标；对于不容易量化的部门或岗位，则需要从部门或岗位职责分析入手，思考这个部门或岗位需要对组织有什么样的贡献，常用的提取方法是格里波特四分法。对于介于以上两者性质之间的部门或岗位，则采用混合模式提取绩效指标。

1. 容易量化的部门/岗位的绩效指标提取

首先，在公司战略的指导下，根据年度经营计划，形成企业总经理的绩效目标；再通过对该目标的细化与分解，形成分管领导与下属的部门绩效目标（如图2－2所示）。

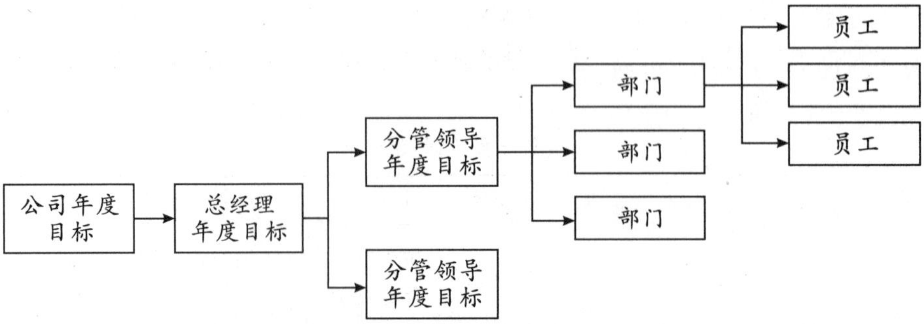

图2－2　目标层层分解

其次，依据协同关系进行员工绩效指标的分解。一般来说，从部门绩效指标到员工绩效指标有三种方式：

（1）员工直接承接部门绩效指标。例如，市场部的销售收入指标落到销售岗位之后，绩效指标是相同的（如图2－3所示）。

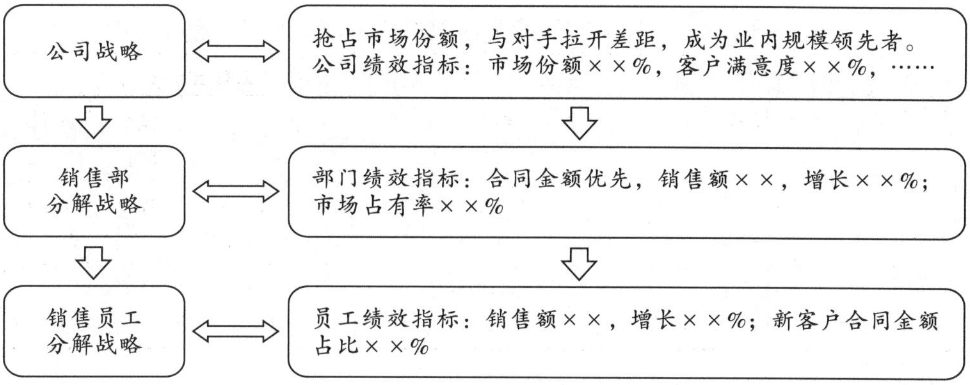

图2－3　员工直接承接部门绩效指标

（2）员工分类承接部门绩效指标。例如，生产部的成本费用控制率不可能完全由一个岗位承担。这个指标落到岗位之后就会拆分为多个指标，例如物料成本控制率、人工成本控制率等。

（3）员工共同承接部门绩效指标。这类绩效指标本身不需要拆分，而是由多个岗位共同承担。例如，人力资源部培训计划完成率不是由一个岗位独立完成的，需要由培训计划岗、培训资源岗以及培训管理岗等共同承担。

2. 不容易量化的部门/岗位的绩效指标提取

首先，寻找与公司战略目标一致的要素，确定与这些要素相关的部门，把部门职责分解到个人的年度工作目标，结合各岗位的工作内容，初步确定该岗位绩效考核的各项要素。例如，某公司今年的战略重心是扩大销售规模，加强销售力量则成为人力资源部的工作重点。这个目标分解到人力资源部下属各岗位如表2－2所示：

表2－2　基于岗位职责的绩效目标设计（示例）

部门目标	分解目标	岗位模块	关键绩效要素
加强销售力量	销售团队建设	招聘、调配	销售团队有效规划/核心员工稳定/招聘质量与数量
	销售团队能力提升	培训管理	培训计划/培训时长/培训系统建设
	建立销售激励体系	薪酬福利 绩效管理	薪酬激励政策/绩效管理政策
	建立冲锋导向的销售团队文化	员工关系 企业文化	销售团队文化规划/文化宣传/标杆建设

其次，对于关键绩效要素，格里波特（Thomas Glibert）主张从数量、质量、成本和时效四个维度来确定绩效指标。以某公司销售部秘书岗为例（见表2-3），可从岗位说明书中梳理出该岗位所扮演的角色、责任以及业务流程中上下游的关系；针对服务对象，从岗位职责中筛选关键要素。例如，面向部门经理时，“起草各类文件”“处理好来信来访”“督促有关部门及时办理”是关键绩效要素，因此绩效指标的提取主要针对这些要素展开。对于“起草各类文件”这个要素，可以从时效和质量两个维度提取指标，分别有“文件起草的及时性”和“经理对文件的满意率”。

表2-3 格里波特绩效四分法（以销售部秘书岗为例）

面向的对象	关键绩效要素	绩效指标提取
部门经理	• 起草各类文件 • 处理好来信来访 • 督促有关部门及时办理	• 文件起草的及时性（时效维度） • 经理对文件的满意率（质量维度） • 来信来访处理时数（数量维度） • 来信来访督办率（质量维度）
业务人员	• 做好差旅安排 • 会议后勤 • 其他日常服务	• 业务人员差旅安排及时性（时效维度） • 业务人员差旅费用控制（成本维度） • 业务人员投诉次数（质量维度）
财务人员	• 保存好有关票据 • 及时提供给财务部	• 财务票据保存完整率（质量维度）

3. 综合方法

综上所述，对于容易量化的部门或岗位，可通过承接上一级的绩效指标来确定自身绩效指标（通常为KPI）；对于不容易量化的部门或岗位，则需要通过岗位职责分析，利用格里波特绩效四分法来提取绩效指标（通常为GS①）；而对介于以上两者之间的部门或岗位，可以采用混合模式提取绩效指标。采取混合模式时，对于不同管理层次、不同类型的员工，KPI和GS所占权重的大小是不一样的。例如，对于销售部的KPI与GS可以设置为80%：20%；而对于综合管理部、财务审计部的KPI与GS可以设置为40%：60%。对于高层管理者来说，KPI占比应该较多，GS占比应该较少；普通员工则应该相反，KPI占比较少，GS占比较多。

---

① GS（Goal Setting）指标用于衡量部门/岗位不容易量化的主要职责。GS指标以行为为导向，由主管评分得出。通常对公司支持性部门或部分定性指标的考核会采用GS方法。

第三节　绩效标准的确定

一、绩效标准的定义

绩效标准又被称为绩效评价标准，描述的是绩效指标需要完成到什么程度，反映了组织对该绩效指标的期望水平。绩效标准的确定需要特别注意其可行性，使其与整个绩效计划体系协调一致，便于管理者判断绩效指标的完成情况。在实践中，绩效标准主要有两种类型：第一种绩效标准是一个区间值；第二种绩效标准则是一个数值，即目标值。

二、作为区间值的绩效标准

表 2－4 为某公司销售人员的绩效标准示例，其中，“年销售额”指标的绩效标准为 80 万～100 万元，“实际成本与预算的变化”指标的绩效标准为偏差在 4% 以内。

表 2－4　区间值类型的绩效标准（示例）

绩效目标	绩效指标	类型	绩效标准
提高销售利润	年销售额	数量	年销售额达到 80 万～100 万元
	税前利润百分比	数量	税前利润率控制在 20%～22%
降低销售成本	实际成本与预算的变化	数量	实际成本与预算的偏差在 4% 以内
……	……	……	……

作为区间值的绩效标准有基本标准和卓越标准之分。基本标准是员工在绩效指标上应该达到的合格水平，或者说是绩效指标合格的最低标准，通常应用于基本工资的确定。卓越标准是组织期望员工追求的卓越绩效水平。卓越标准一般不设上限，也不做强制要求，它鼓励员工不断超越自我，树立绩效标杆。卓越标准主要应用于激励性奖励和职位晋升等。在实践中，对于结果类绩效指标的基本标准与卓越标准比较容易区分，而对于行为类绩效指标的衡量标准，通常需要用到评分标准和等级描述作为标尺。行为类绩效指标的评分标准通常有三种类型：

（1）等级式。运用体现等级顺序的字词表示不同评价等级。例如，“优”“良”“中”“差”，“甲等”“乙等”“丙等”“丁等”，“较好”“好”“一般”“差”“较差”。

（2）数量式。使用分值表示不同的等级水平，包括离散型评价标尺和连续型评价标尺两种（如表2－5所示）。

（3）定义式。定义式评价标尺比较复杂，设计难度较大；要求针对每个绩效指标的不同等级进行具体描述（如表2－6所示）。其优势是，能够有效提高评价的客观性，更好地实现评价行为的引导作用。

表2－5　离散型评价标尺与连续型评价标尺（示例）

指标	定义	标度（尺度）					
计划能力	能够有计划、有步骤地完成领导交给的工作，使本业务领域的工作与整个部门或所在工作团队的工作目标相匹配	离散型	0分	3分	6分	9分	12分
		连续型	3分以下	3～3.5分	3.6～3.9分	4～4.5分	4.6～5分

表2－6　定义式评价标尺（示例）

指标	定义	评价等级定义
计划能力	有效利用人、财、物等资源，计划性安排和组织工作	1级：缺乏预先制订的工作计划，解决问题的准备不足 2级：有计划，但缺乏系统性，导致工作执行不力 3级：能有效地计划和组织下属工作 4级：对工作实施和可能遇到的问题有计划性解决方案，并能够组织实施 5级：具有系统、准确、迅速解决问题的工作行为特征，并能够有效地进行工作分解，以较佳的方式达成工作目标
……	……	……

三、作为数值的绩效标准

在一般情况下，组织通常会使用一个具体的目标值作为衡量绩效指标是否达成的标准。目标值的高低是在挑战性和可行性之间取得平衡，以便在满足组织绩效改进需求的同时，又易于让员工接受和信服。与绩效指标选择步骤不同的是，确定绩效标准目标值的过程与员工的个人利益紧密相关，更容易产生分歧和争议。

通常，目标值的确定要进行合理性判断和先进性判断。合理性判断是充分利用企业内外部资源就可能实现的标准。确定目标值的方法是，与企业过去的绩效进行比较，然后基于历史数据和客观条件计算而来。但仅仅基于合理性判断制定的目标值并不一定具有激励效果，也不能确保企业在市场竞争中胜出，因此最终目标值的确定还需要经过先进性判断。先进性判断确定目标值的方法是与杰出的行业竞争对手比较，利用标杆管理法进行目标值设定。

标杆管理法是美国施乐公司于1979年首创，西方管理学界将其与企业再造、战略联盟一起并称为20世纪90年代三大管理方法。标杆管理法的本质是不断寻找最佳实践，以此作为基准，不断地“测量分析与持续改进”。具体过程包括：①立标。选择行业内的最佳实践方法，以此作为基准和学习对象。②对标。对照标杆企业测量分析，发现自身短板、寻找差距，并探索达到或超越标杆水平的方法与途径。③达标。改进落实，在实践中达到标杆水平或实现改进成效。④超标。通过知识学习与创新，超越最初选定的标杆企业，构建更先进的实践方法，成为新的行业标杆。

企业可以采用标杆管理法来设定目标值，具体步骤如图2－4所示。运用标杆管理法设定目标值时，需要认真考虑标杆企业与本企业的实际情况是否具有可比性，如果两者具有相似性，那么标杆企业的相关数据就可以成为本企业目标值的参考值。

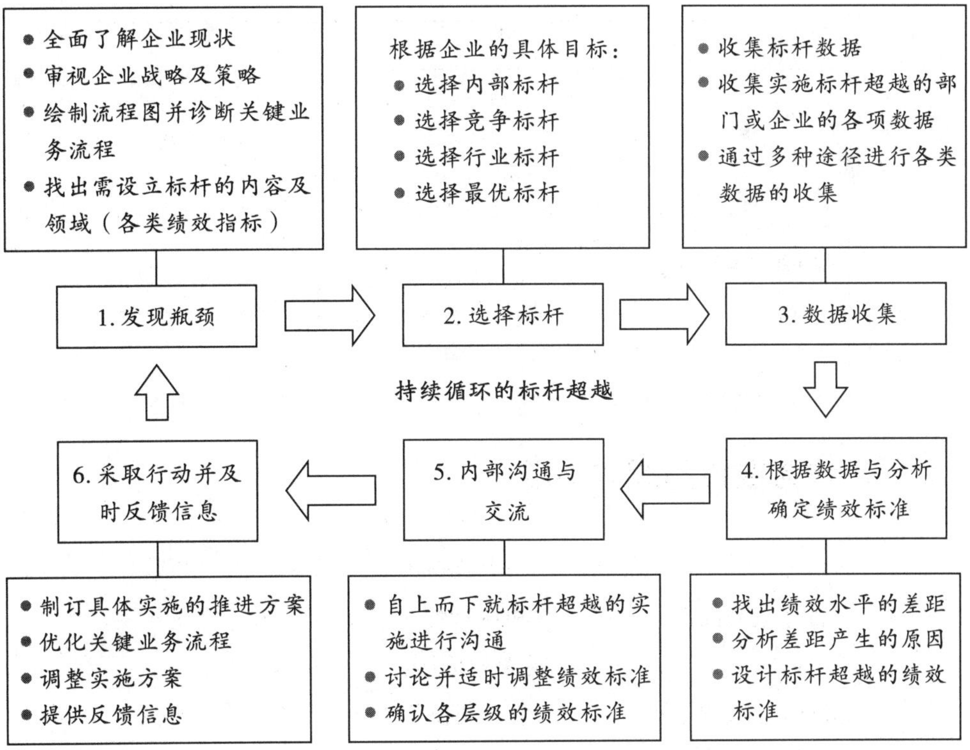

图2－4　标杆管理法确定绩效标准的过程

第四节 绩效指标的权重设置

确定了绩效指标，相当于给员工提供了“指南针”，告诉他们工作的方向；设置绩效指标权重，则相当于为员工设定了“计时器”，告诉他们如何分配时间。某个绩效指标的权重分值越高，员工就会在这个方面投入时间越多。因此，从企业层面来说，权重是不同指标对达成目标的重要性程度；从员工层面来看，各指标的权重则意味着工作时间分配的占比。设置绩效指标权重的方法主要有以下五种。

一、主观经验法

主观经验法是指管理者根据自己对各项绩效指标重要程度的认识，或者从战略意图出发，对各项评价指标的权重进行分配。绩效指标权重也可以是专家集体讨论的结果。这种方法的主要优点是：决策效率高、成本低，容易为人所接受，适合专家治理型企业和规模较小的企业；缺点有：主观性较强，且具有一定的片面性。一般来说，绩效指标权重的最低限为5%；为了简化计算难度，权重设置会取5%的倍数；单个绩效指标的权重一般不高于35%，否则容易导致部门和员工“抓大放小”。

二、主次指标排序法

主次指标排序法是指管理者根据历史数据和个人经验对各绩效指标进行排序，然后确定权重。管理者首先对各绩效指标的重要程度“依次排列”，然后在排序的基础上“按照指标赋权”。例如，某岗位存在A、B、C、D四个绩效指标，依照企业的战略需求和管理者的经验，各绩效指标的重要性排序依次为：$B>D>C>A$；接下来按照自然数顺序由大到小对其分配权数。B指标最重要，赋予它的权数为4；D指标排位第二，赋权数为3；C指标和A指标的权数则分别为2和1。最后，通过权数归一化来计算各绩效指标的绝对权重：A指标的绝对权重$=1/(4+3+2+1)=10\%$；同理计算B、C、D指标的绝对权重分别为40%、20%和30%。采用这种方法计算权数比较简单，但仍受一定的主观因素影响。

三、倍数加权法

倍数加权法与主次指标排序法比较类似，两者都要对所有的绩效指标进行排序。不过，倍数加权法首先选出最不重要的指标，赋权数为1；然后将其他指标与该指标进行比较，得出重要性的倍数；最后进行归一化处理，确定最终权重。表2-7为销售人员的绩效指标示例，在这6项指标中，“智力素质”对于销售人员完成目标是最不重要的，其他指标的重要性与“智力素质”相比如表中所示。将这6项指标的重要性程度汇总，最终权重是各指标重要性程度在总权数中所占的比重。

表2-7 倍数加权法（示例）

绩效指标	品德素养	工作经验	智力素质	推销技巧	销售量	信用
重要性程度	1.5	2	1	3	5	2
最终权重	10.3%	13.8%	6.9%	20.7%	34.5%	13.8%

四、优序对比法

优序对比法是指将各绩效指标进行两两比较，然后再将比较结果汇总，最后确定权重的加权方法。这种方法首先需要构建判断尺度。一般情况下，重要性程度判断尺度可用1、2、3、4、5五级表示，数字越大，表明重要性越大。当两个指标比较时，如果一个指标的重要性为5，则另一个指标的重要性为0；如果一个指标为3，则另一个指标为2。表2-8以A、B、C、D四个因素为例，合计列是将该行指标与其他指标两两比较得出的值进行加总，最终权数列则是以各行指标的合计数除以总合计数得出。

表2-8 优序对比法（示例）

绩效指标	A	B	C	D	合计	最终权数
A	—	0	2	1	3	10%
B	5	—	4	3	12	40%
C	3	1	—	1	5	17%
D	4	2	4	—	10	33%
总计					30	100%

五、权值因子判断表法

权值因子判断表法是指由评价人员组成的专家组来制定和填写权值因子判断表，然后依据各位专家所填数据来确定权重。基本操作步骤如下：①组成评价专家组。②制定权值因子判断表。表 2－9 是 5[#]专家填写的判断表，他要将行因子与列因子两两对比，若采用 4 分值，非常重要的指标为 4 分，比较重要的指标为 3 分，同等重要的指标为 2 分，不太重要的指标为 1 分，很不重要的指标为 0 分。评分值是对行因素与列因素两两比较得出的值进行加总。③将各专家所填权值因子判断表进行汇总统计（如表 2－10 所示），先计算每行指标得分汇总，然后求该评价指标占汇总合计值的比重，最后将权重调整为 5% 的倍数。

表 2－9　权值因子判断表（5[#]专家）（示例）

绩效指标	A	B	C	D	E	F	评分值
A		4	4	3	3	2	16
B	0		3	2	4	3	12
C	0	1		1	2	2	6
D	1	2	3		3	3	12
E	1	0	2	1		2	6
F	2	1	2	1	2		8

表 2－10　权值统计结果表（示例）

绩效指标	评价专家								评分总计	权重	调整后权重
	1[#]	2[#]	3[#]	4[#]	5[#]	6[#]	7[#]	8[#]			
A	15	14	16	14	16	16	15	16	122	0.254	0.25
B	16	8	10	12	12	12	11	8	89	0.183	0.20
C	8	6	5	5	6	7	9	8	54	0.113	0.10
D	8	10	10	12	12	11	12	8	83	0.173	0.20
E	5	6	7	7	6	5	5	8	49	0.102	0.10
F	8	16	12	10	8	9	8	12	83	0.173	0.15
合计	60	60	60	60	60	60	60	60	480	0.998	1.00

指标权重反映了企业重视的领域，对员工行为有明显的引导作用。同时，权重的设计还直接影响到评价结果。因此，运用上述方法初步确定的指标权重还必须经过相关部门的审核和讨论，确保权重分配与企业整体战略相一致。

第五节　绩效考核周期的设定

一、考核周期分类

绩效考核周期也称为绩效考核期限，指多长时间对员工进行一次绩效考核。由于绩效考核需要耗费人力和物力，如果考核周期过短，会增加企业管理成本；如果考核周期过长，又会降低绩效考核的准确性，影响绩效管理的效果。因此，绩效计划还应当设定恰当的绩效考核周期。

一般而言，绩效考核周期分为月度、季度、半年度和年度考核。最常见的是年度考核。此外，有些工程类或项目类企业还会按项目节点考核。通常三个月内就能完成的项目，在项目完成期考核；对于一年以上的项目，则会考虑按阶段分期考核。对于一些复杂项目，企业为降低项目风险会按“里程碑”（即完成阶段性工作的标志）进行绩效考核。

二、绩效考核周期的设定方法

1. 按照职系设定

不同职位的工作内容是不同的，绩效考核周期也应当不同。一般来说，绩效易于考核的职位，考核周期相对要短一些。

（1）销售序列员工。对于从事产品推广、销售与品牌提升的工作人员，以及售后服务人员，考核方法比较简单，以结果类指标为主、行为类指标为辅；相关绩效指标的数据获取也相对容易。销售序列员工的考核指标会直接影响到企业发展，及时获取这些信息并做出反馈有利于尽早调整行动策略。因此，绩效考核周期可以短一些，按月度或季度进行考核。

（2）生产序列员工。对于产品生产周期较短的企业，可以采用月度考核，这样便于发现产品质量问题后及时修正，也有利于迅速兑现对员工的奖惩；对于产品生产周期较长的企业（如大型设备制造企业等），可适当延长考核周期，按照生产批次周期考核，年底再以年为单位进行考核。

（3）研发序列员工。研发人员的评价指标通常是任务完成率和项目效果评估，可以按照研发的关键节点如立项、开发设计、小试、中试、定型生产等进行考核，年底再结合各个关键节点和项目整体完成情况进行综合考评。

（4）职能序列员工。人力资源、财务、秘书等岗位员工对公司业务起辅助作用，他们的工作特点有：难量化、工作杂，临时性工作较多。对于这些职能序列员工，应根据岗位职责的履行情况进行评价，考核重点是过程而非结果。鉴于这类员工的工作特点，大多数企业都采用随时监督的方式，以季度或者月度评价为主。

（5）管理序列员工。由于短期内难以取得成果，管理序列员工适合半年或年度考核，特别是高层管理岗位。

2. 按照层级设定

高层管理者承担的责任较大且工作复杂程度较高，对他们的考核就是对整个组织的管理状况进行全面系统评价的过程。不过，组织绩效的反映周期较长，因此，高层管理者的评价周期也较长，通常以年度考核为主。中层管理者在组织中起到承上启下的作用，要兼顾组织层面、部门层面和个人层面的绩效目标，其评价周期比高层管理者短，通常以季度考核为主。基层管理者和普通员工的绩效结果一般显现较为迅速，考核周期较短，通常以月度考核为主。

3. 按照考核目的设定

如果考核目的是与薪酬奖金挂钩，考核周期可以短一些；如果考核目的是人才盘点或者提升员工能力，则可以采用长一些的考核周期；如果是为了选拔、晋升等用途的考核，可以根据需要随时进行。

此外，绩效考核周期还可能因企业稳定性、管理基础而异。如果企业的内外部环境比较稳定，就可以设置长一些的考核周期；否则，反之。如果企业的管理基础扎实，绩效数据的获取比较容易，就可以根据公司需要设置较短的考核周期；否则，可以把考核周期拉长。

第六节　绩效合约的形成与确认

社会心理学家有一个重要发现，就是当人们亲身参与了某项决策的制定时，他们一般会倾向于坚持立场，并且在外部力量作用下也不会轻易改变立场。产生这种承诺的可能性取决于两种因素：①个体是否参与态度形成的过程；②个体是否对此进行了正式承诺。如果员工参与了绩效计划的制订并签订了正式的绩效合约，他们会更倾向于遵守承诺并履行绩效计划。

一、管理者与员工沟通的事项

在绩效计划的制订协商过程中，员工有必要向管理者反映以下内容：①员工对公司目标和部门目标的认识，尤其是不理解之处；②完成个人工作目标的行动计划；③在完成工作过程中可能遇到的难题以及需要的资源支持。管理者应该就员工提出的不同看法，有针对性地展开进一步讨论，具体讨论方向示例见表 2－11。

表 2－11　绩效目标设置过高时管理者与员工的讨论方向

员工看法	管理者的询问重点	对话引导方向
自己一人无法完成目标	询问“需要谁的帮助”	讨论人员配置
时间紧迫，无法完成	询问“可接受的时间”	讨论完成时间
任务太多，无法全部完成	询问“哪些任务可以保证完成”	讨论评价标准
缺少资源支持，无法完成	询问“需要哪些资源支持”	讨论资源配置
个人能力不足，无法完成	询问“有哪些方法可以解决”	讨论完成方法

经过多次沟通后，双方对员工的绩效目标以及组织给予员工的资源支持达成一致意见，然后共同签署绩效合约。

二、绩效合约的内容

绩效合约又称为绩效目标协议书，是员工与组织签订的，约定在一段具体期限内必须取得绩效成果的书面协议。一般来说，绩效合约应包括：工作要项、绩效指标及其计算公式和信息来源、绩效指标的权重、绩效考核周期、员工在完成工作过程中拥有的权限和可供调配的资源、组织能够为员工提供的支持，以及员工达成绩效目标的薪酬激励等。表 2－12 是某公司销售总监岗位的绩效目标责任书。

表2－12　某公司销售总监绩效目标责任书

甲方：____________　　　　乙方：____________

为保证实现本公司______年度的整体发展目标，提高公司系列产品在当地的市场份额，充分发挥各销售人员的主动积极性，顺利达成年度销售目标，甲乙双方在平等自愿、达成一致的基础上特签订本协议书。

一、目标责任人：______任______岗位，负责______区域市场的开发、管理及服务工作。

二、考核期限：_____年_____月_____日起至_____年_____月_____日止。

三、绩效目标

1. _____年目标任务销售额______万元。

2. 目标任务分解：

序号	考核指标	指标定义	考核标准	权重	得分
1					
2					
3					

四、经营区域：______省/自治区/直辖市

1. 包括城市：____。

2. 其他市场报备公司核准后实施，采取谁开发谁受益原则。

五、岗位职责

1. 负责根据公司制订的市场规划，开发与拓展空白授权管辖地区的客户。

2. 负责根据总体战略目标、市场开发与拓展战略规划，制订所管辖地区市场开发与拓展的年度、季度、月度计划，并实现目标计划。

六、经营产品

产品	价格/(元/瓶)	备注

七、薪酬标准及提成

基本工资					
任务达成					
提成系数（月度）					
年度提成					

（续上表）

八、经销商政策

产品	经销商全年任务			
	完成 80% 以下	完成 80% ~100%	完成 101% ~150%	完成 150% 以上

九、出差及考勤管理制度

1. 出差实行差旅费“定额包干、超标准自负”的报销原则；住宿费、伙食补助费实行“定额包干”。

2. 乘坐交通工具［汽车、普速车（硬座）、动车组］实行实报实销原则，在每月出差完毕后凭出差申请表及报销发票进行报销。

十、窜货管理

1. 区域间不得窜货：各区域经销商应在本区域范围内销售产品，不得以任何方式直接或间接跨区域销售，否则视为窜货。

2. 处罚原则：窜货金额计入被窜方销售任务，同时追加处罚窜货方，罚款经销商______元、员工________元；若第二次发现，罚款经销商________元、员工________元，情节严重者取消经销权。

十一、本协议书一式四份，自甲乙双方签字盖章之日起生效。

公司公章：　　　　　　　　　　　　责任人：

法人代表：　　　　　　　　　　　　日期：

资料来源：https://www.docin.com/p-2635449744.html.

三、绩效合约的确认

管理者和员工经协商讨论就绩效合约达成共识后，双方都要签字确认。其中，组织一方是公司法人代表签名并加盖公司公章。绩效合约一式两份，管理者和员工人手一份，作为员工未来绩效考核周期内的工作指南，也是管理者对员工的工作进行检查、监督与评定的重要依据。

第三章

绩效沟通与辅导

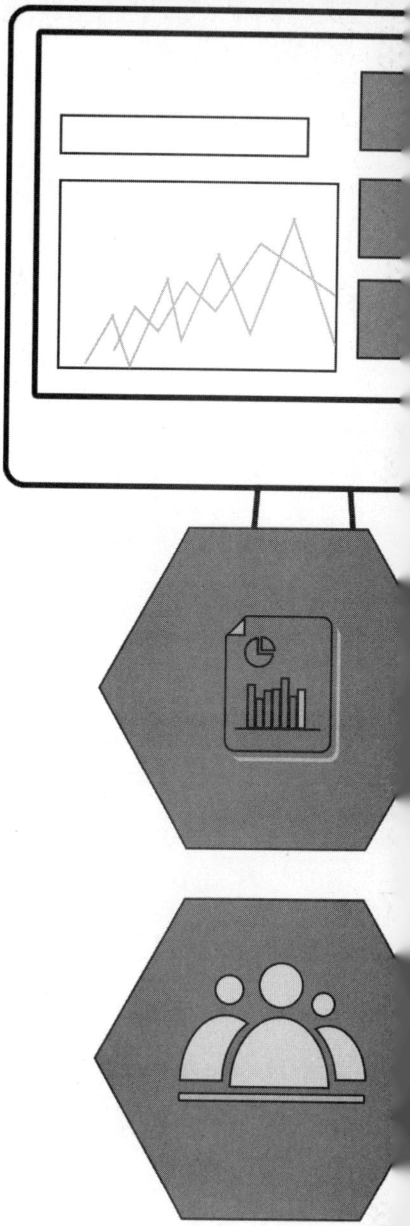

管理者和员工共同制订了绩效计划，但这并不意味着后续的执行过程就会完全顺利。一方面，宏观环境和行业环境可能发生变化，使绩效计划不合时宜；另一方面，员工的工作可能遭遇意想不到的困难。此时，需要管理者和员工进行绩效沟通与辅导，这是管理者帮助员工达成绩效目标的过程。本章的核心内容是，管理者与员工通过持续不断的沟通，在绩效形成过程中努力发现问题、解决问题并达成绩效目标的过程。

- ⊙ 绩效沟通
- ⊙ 绩效信息收集
- ⊙ 绩效辅导

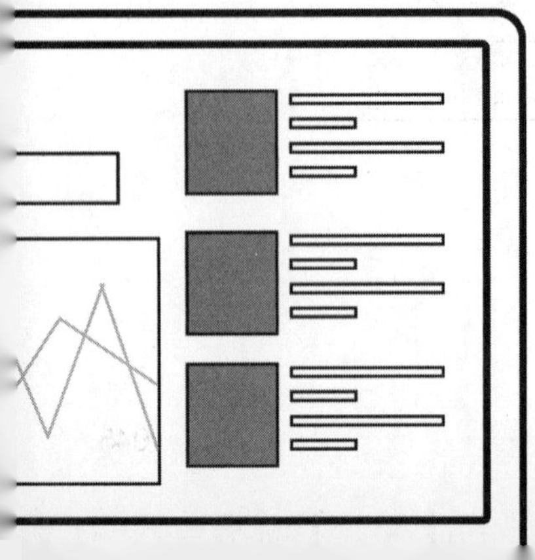

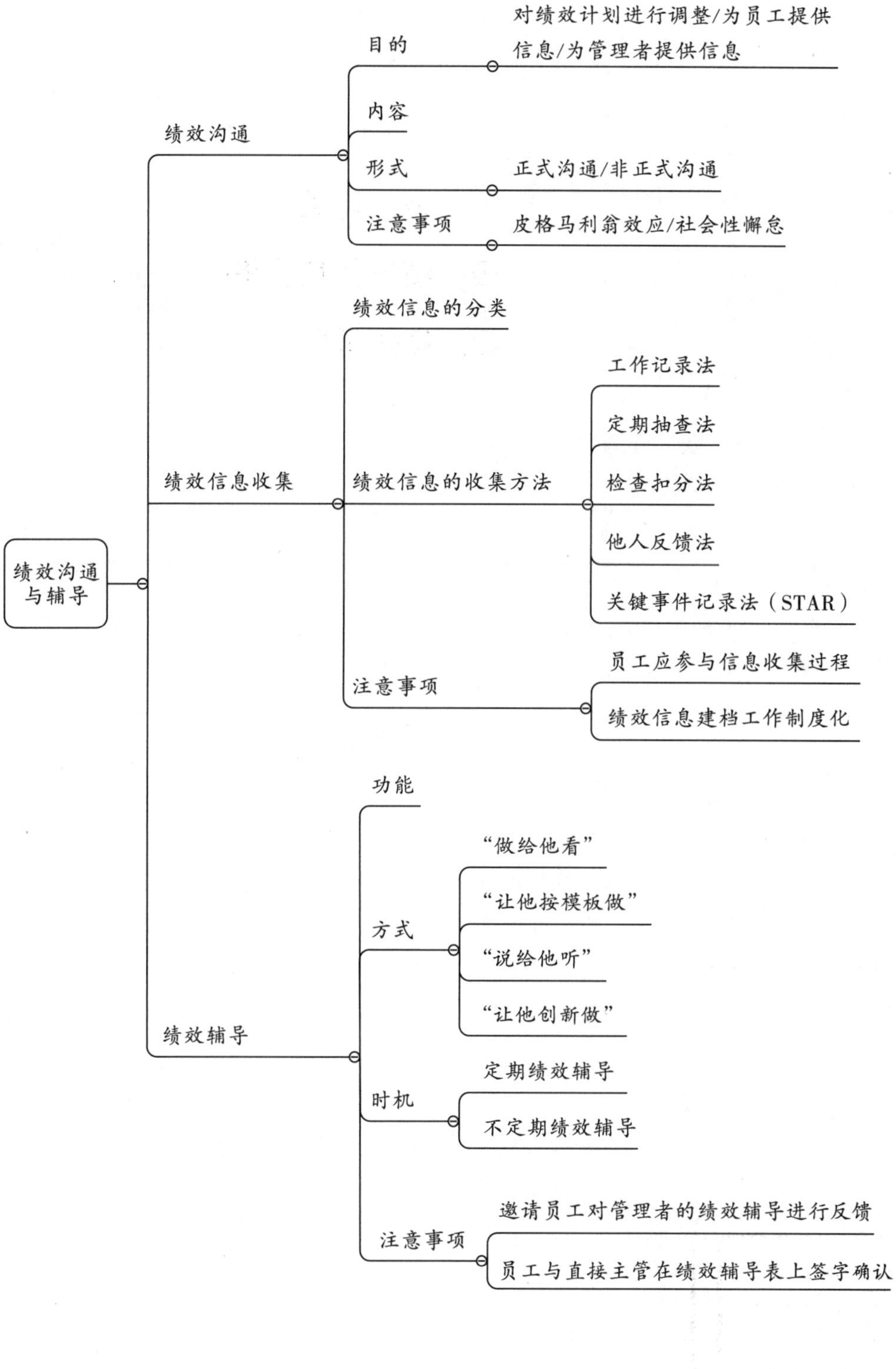
绩效沟通与辅导
绩效沟通
目的
对绩效计划进行调整/为员工提供信息/为管理者提供信息
内容
形式
正式沟通/非正式沟通
注意事项
皮格马利翁效应/社会性懈怠
绩效信息收集
绩效信息的分类
绩效信息的收集方法
工作记录法
定期抽查法
检查扣分法
他人反馈法
关键事件记录法（STAR）
注意事项
员工应参与信息收集过程
绩效信息建档工作制度化
绩效辅导
功能
方式
“做给他看”
“让他按模板做”
“说给他听”
“让他创新做”
时机
定期绩效辅导
不定期绩效辅导
注意事项
邀请员工对管理者的绩效辅导进行反馈
员工与直接主管在绩效辅导表上签字确认

第一节　绩效沟通

一、绩效沟通的目的

绩效沟通是管理者与员工一起讨论有关工作进展、潜在障碍和问题、可能的解决措施，以及如何向员工提供支持等信息的过程。在绩效形成过程中，管理者与员工进行持续沟通的目的主要有三点：

1. 对绩效计划进行调整

俗话说，计划不如变化快。企业所处的外部环境随时都在变化，管理者和员工不得不适应变化，及时调整工作方式和工作内容。例如，新冠疫情对餐饮、旅游行业企业产生了巨大影响，在这种情况下，管理者和员工需要沟通解决方案，探讨是否调低绩效标准或延长考核期限，并依据具体情况调整不同绩效指标的权重等。因此，绩效沟通的首要目的是，跟踪绩效实施与外部环境的匹配度，适时调整绩效目标和工作任务的要求。

2. 为员工提供信息

绩效沟通可以为员工提供两个方面的信息：①有助于员工解决工作困难的信息。在制订绩效计划时，很难准确地预见实施过程中可能遇到的所有困难和障碍。管理者在绩效沟通中随时发现问题并及时解决，可以使工作方向更符合实际。②与员工绩效相关的反馈信息。管理者反馈信息使员工明确自身的长处与不足，帮助员工制订改进方案，不断提升技能与绩效。

3. 为管理者提供信息

绩效沟通可以帮助管理者收集员工绩效的各种信息，尤其是员工过程绩效和行为绩效的相关信息，这类信息难以通过统计报表获取。为了考核的准确性和公平性，必须通过日常沟通和仔细观察收集信息，为考核提供客观的事实依据。

二、绩效沟通的内容

绩效沟通的首要目标是了解员工的工作情况，然后对表现优秀的员工予以褒奖、对表现不佳的员工进行提醒和指导。具体来说，可以归纳为以下问题：

（1）员工的工作进展怎么样？

（2）员工和团队是否在达成目标的正确轨道上运行？

（3）如果有偏离发展方向的趋势，应该采取什么行动改变这种局面？

（4）员工在哪些方面做得较好，哪些方面需要纠正或改进？

（5）员工在哪些方面遇到了困难和障碍？

（6）管理者和员工在哪些方面已达成一致意见，哪些方面还存在分歧？

（7）针对目前的情况，要对工作目标和达成目标的行动做哪些调整？

（8）为了员工出色地完成绩效目标，管理者需要提供哪些帮助和指导？

三、绩效沟通的形式

绩效沟通包括正式沟通和非正式沟通。正式沟通是企业管理制度规定的各种定期开展的沟通方式。非正式沟通则是管理者和员工在规章制度和组织程序之外进行的沟通方式。

1. 正式沟通

（1）书面报告。很多管理者都要求下属定期上交工作汇报，以了解下属的工作情况和遇到的各种问题。书面报告的优点：第一，可以培养员工及时总结工作和系统思考的习惯。第二，报告内容较为严谨准确，也便于保存。第三，可以使沟通不受时间和空间的约束。书面报告的缺点：绩效信息从员工向管理者单向流动，沟通效果不如双向沟通好；如果书面报告的文字工作过多，容易给下属增添负担。

（2）定期会谈。为了寻求更好的沟通效果，管理者与员工之间的定期会谈非常必要。面对面的会谈属于双向沟通，容易使管理者和员工产生平等感和参与感，拉近双方的心理距离。根据参与会谈的人数，定期会谈可以分为团队例会和一对一面谈。团队例会常见的形式有年终总结会、季度分析会、周例会和日清会。在团队例会中，管理者会要求每个参会人员谈一谈工作的进展、遇到的问题以及可能的解决方法。如果找到了问题并能够很快地解决，就应该将行动方案落实到个人，确保问题立即得到解决。如果不能在规定时间内找到解决方法，管理者可以筹划召开一个规模更小的组会或要求某人草拟一份方案，不能让个别难题影响整个会谈的进度。团队例会需要的时间较长，在协调众人参会时间上并不容易，尤其是涉及人数较多的团队。一对一面谈适用于管理者与员工深入讨论某个具体问题的解决方案；在面谈过程中，管理者可以依据员工的实际情况进行绩效辅导，从而建立融洽的上下级关系。不过，一对一面谈容易使员工产生较大的心理压力。

2. 非正式沟通

（1）走动式管理。美国学者彼得斯（T. J. Peters）与瓦特门（R. H.，Jr. Waterman）在 1982 年出版的《追求卓越》（*In Search of Excellence*）一书中提到，知名企业的高管不是成天待在豪华办公室里等候下属报告，而是经常到各部门走动巡查，与员工交流，实际了解员工的工作状况并及时搜集一手信息，以便尽早发现并解决问题。随着竞争越来越激烈，走动式管理被越来越多的企业纳入常态管理机制。管理者及时问候和关心员工可以减轻他们的压力，使员工受到鼓舞和激励。但如果掌握不好走动的频率和方式，则可能会让员工产生被监视或不被信任的感觉，进而产生逆反情绪。

（2）午餐会。李开复于 2000 年回到微软总部出任全球副总裁，管理一个有 600 名员工的部门。他从未在总部从事领导工作，更需要倾听和理解员工的心声。为此他选择了午餐会的沟通方式。他每周选出 10 名员工共进午餐。为了让每位员工能畅所欲言，尽量避免与一个小组或一间办公室里的两个员工同时进餐。在进餐时，他详细了解每个人的姓名、履历、工作情况以及他们对部门工作的建议。为了鼓励发言，他还会让每个人说出在工作中遇到的最让自己兴奋和苦恼的事情。然后，引导大家探讨部门员工近来普遍感到苦恼或关心的事情，共同寻找最佳的解决方案。午餐会结束后，李开复会立即发一封电子邮件给大家，总结“我听到了什么”“哪些是我现在就可以解决的问题”“何时可以看到成效”等。

（3）下午茶。下午茶是英国维多利亚时代的产物。一些举止优雅的女士会结伴喝下午茶，享受私人随意的交际时间。这一做法在当下的某些企业里也得到应用。企业提供下午茶可以满足员工两方面的需求。从生理方面来看，每天下午 4 点左右是人体最乏力、效率最低的时段，短短 10 分钟的下午茶时间可以让员工们稍稍放松一下；从心理方面来看，下午茶时间可以自然而然地构建起非正式沟通的渠道。人们在吃东西的时候比较放松，一边喝茶一边聊天，往往能相互启发，聊出一些有创意的好想法。当然也会有一些八卦趣闻，这些谈资也是促进人际交流的利器，可以增进相互了解，融洽同事关系。

此外，管理者还可以通过联欢会、生日派对、兴趣小组等多种方式与员工进行沟通，在比较轻松的氛围中互动。非正式沟通的缺点是：容易滋生小道消息，不适合所有类型的沟通目的和内容。

四、注意事项

1. 皮格马利翁效应

皮格马利翁效应亦称“罗森塔尔效应”，1968 年由美国心理学家罗森塔尔（Robert Rosenthal）在《课堂中的皮格马利翁》一书中提出。该理论认为，教师对学生的期望会在学生的学习成绩等方面产生效应。经过一段时间的测试发现，那些被教师寄予很大期望的学生，他们的学习成绩比其他学生有明显提高。该实验结果与希腊神话中皮格马利翁的故事相似，故以此为名。现在，皮格马利翁效应被认为是“用赞美、信任和期待来改变个人和团队的成功法则”。在绩效沟通中，管理者要善用积极的心理暗示给员工传递关爱和鼓舞。管理者向下属提出期望，并营造支持性的沟通氛围，可以让员工以饱满的热情投入工作，实现符合期望的绩效目标。

2. 社会性懈怠

该理论来自法国工程师马克西米利安·林格尔曼的实验发现。他挑选了八个工人参加拉绳测试。第一次实验，他让每个工人单独拉绳子，测试到人均拉力为 63 公斤；第二次实验，他让三个工人一起拉绳子，测试到人均拉力为 53.3 公斤；第三次实验，他让八个工人一起拉绳子，测试到人均拉力为32 公斤，仅有单人拉绳出力的一半。林格尔曼把这种个人在团体中较不卖力的现象称为社会性懈怠。这种现象的出现源于个人在团队中的效率无法直接看得到。假如使出一半力气就行，又不会引起注意，为什么要使出全力呢？每个人都觉得团体中的其他伙伴不会尽全力，为了求得公平，自己的努力程度会减少。管理者在对团队进行绩效反馈时要注意：①要尽可能彰显个人效率，以缓和社会性懈怠。②在不了解具体绩效情况时不能笼统地表扬所有成员，这样很容易挫伤真正卖力员工的积极性。

第二节　绩效信息收集

一、绩效信息的分类

根据信息的原始性程度划分，可以分为绩效数据与绩效信息。绩效数据是最原始、最基础的数据。例如，财务类绩效数据有“利润”“销售收入”等；管理类绩效数据有“产品不合格次数”“客户投诉次数”等。管理类绩效数据通常是过程性数据，也是收集工作的难点。

绩效信息强调绩效数据和基准计划的对比结果，例如“项目可交付成果的状态”。根据来源的不同，绩效信息可以分为绩效记录信息和第三方反馈的信息。前者主要是管理者观察到的信息，例如员工绩效优异或不佳的行为表现；后者是来自外部客户或内部同事的评价信息。表 3－1 是某酒店部门负责人绩效数据的第三方反馈表。

表 3－1　第三方反馈表（示例）

数据提供部门：　　　　　　　　填表时间：

序号	绩效指标	被考核部门	实际完成或达到的数值	有关投诉方面的绩效数据须在该栏扼要说明投诉事件或附上相关文件

二、绩效信息的收集方法

绩效信息的收集方法通常有工作记录法、定期抽查法、检查扣分法、他人反馈法和关键事件记录法（STAR）等。

工作记录法是指对生产/销售/服务的数量、质量、时限等指标，由相关人员填写原始记录单，并定期汇总统计获得有关信息。

为了保证上述信息的真实有效，管理者可以对此进行抽查，即定期抽查法。

检查扣分法是指对关键业绩指标中出现错误的扣分事项予以检查登记，为绩效考核提供依据。

他人反馈法是指从员工提供服务的对象或有工作联系的同事那里得到反馈信息。

关键事件记录法是指对员工特别突出或异常失误的行为进行记录。这种方法可以帮助管理者对员工的优秀行为及时激励，对存在的问题及时反馈和纠偏。通常会使用 STAR 法来记录关键事件：

S（Situation）——事件发生的情境是怎样的；

T（Task）——员工要完成什么任务；

A（Action）——员工当时采取了什么行动；

R（Result）——员工采取这个行动获得了什么结果。

具体示例见表 3－2。

表 3－2 STAR 法（示例）

姓名	时间	S（情境）	T（任务）	A（行动）	R（结果）
王某	6 月 12 日	将王某带大的祖母前一天晚上病逝了	第二天要把一批货物完整、准时运到大客户公司	王某准时出现在办公室，并提前一个小时把货物发出去	客户及时收到货物，没有让公司信誉受损
杨某	7 月 20 日	周日培训，所有中高层管理者参加	应该在周四前完成专项培训 PPT 的制作	无正当理由且事前没请假，周二、周三连续两天旷工	PPT 未在规定时间内制作完成，导致培训延后

三、注意事项

1. 员工应参与信息收集过程

绩效管理是管理者和员工共同的责任，员工参与信息收集过程有两个好处：①可以了解自身工作进展情况，及时对工作安排予以调整，以利于绩效目标的完成；②便于管理者与员工之间的沟通。管理者依据员工参与收集的信息进行沟通时，员工会更容易接受这些事实。有些信息可以由员工亲自收集记录，然后报管理者抽查审核；有些信息（如工作差错等）是管理者发现并掌握的，管理者应及时将这些信息向相关员工通报，必要时由其签名确认，可以减少绩效考核过程中可能产生的矛盾。

2. 绩效信息建档工作制度化

企业各部门应该建立专门的绩效记录档案，并明确数据提供者和记录者的职责，保证绩效信息的记录及时准确和按时反馈。考核期结束后，部门负责人应对本部门提供的员工绩效数据进行审定，并指定专人将资料及时分类整理和存档。表3－3是某公司绩效信息建档工作制度化的示例。

表3－3　绩效信息建档工作制度化（示例）

考核指标	绩效数据	数据公式	数据表单	数据提供者	数据提供时间	数据提供方式	数据复核/审核者
人均招聘成本	直接招聘成本	直接招聘成本＝招聘差旅费＋网络费＋现场招聘费等	季度招聘成本支出一览表	财务部会计	季度后3天	通过OA发到人力资源部	人力资源部绩效专员
	录用人数	本招聘期应招聘且录用人员数量	季度录用人员一览表	人力资源招聘专员	季度后3天	直接登录人力资源信息系统	人力资源部经理

第三节　绩效辅导

绩效辅导是指依据通过多种途径获取的绩效信息，对员工做得好的工作提出表扬，并帮助没有达到期望的员工改进绩效的过程。

一、绩效辅导的功能

1. 使员工获得信心

回顾员工过去某个阶段的工作表现，发现员工在工作中的闪光点，并及时给予褒奖，使员工获得信心，激励其继续保持和进一步优化自己的工作行为。

2. 为员工提供支持

员工在工作过程中，难免会遇到制订绩效计划时没有考虑到的问题，这些都会影响目标的顺利实现。绩效辅导可以帮助员工改进工作方法，排除外部障碍。

3. 为员工指明方向

绩效辅导可以帮助员工明确工作方向。尤其当企业内外部环境发生变动时，绩效辅导能有效预防目标偏离实际，从而确保整个企业绩效目标的实现。

4. 融洽员工关系

管理者在绩效辅导过程中，为员工提供绩效反馈，帮助员工提升胜任能力，这能使员工感受到上级的关心，起到融洽上下级关系、营造团结氛围的作用。

二、绩效辅导的方式

由于员工成熟度和工作任务的难易程度不同，管理者的绩效辅导方式也应有所不同。员工成熟度包括两个方面：一是员工拥有的可供完成任务的知识和技能的多少，二是自尊和自信等心理素质的高低。

在图 3－1 中，对于缺乏相关知识和经验的新员工，如果碰到难度较大的工作，辅导方式是亲自示范，解决一些难题。如果碰到的工作难度较小，辅导方式是给员工具体指示，让其按模板来做。若员工不出错，管理者应及时给予肯定，鼓励其逐步增强自信和独立工作能力。对于具备相关工作经验并能熟练掌握工作技巧的员工，如果碰到难度较大的工作，恰当的辅导方式是通过讲方法或共同分析，帮助员工确定控制关键节点，让员工亲自实践；如果碰到的工作难度较小，辅导方式是提高要求，鼓励员工尝试新方法，增强其自主性和创新能力。总的来说，管理者的绩效辅导方式应该从“授人以鱼”向“授人以渔”转变。

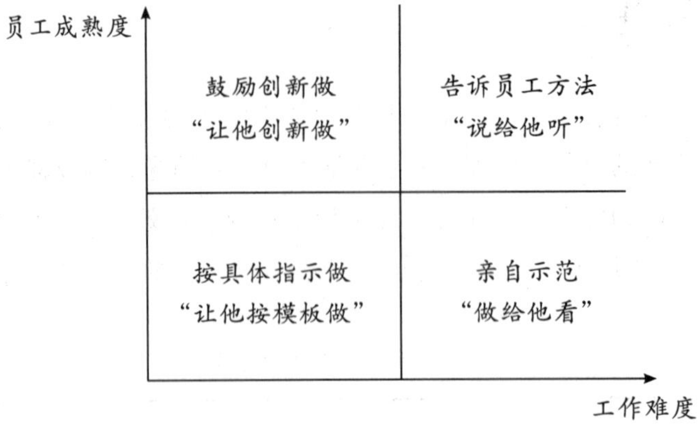

图 3－1　绩效辅导的方式选择

三、绩效辅导的时机

绩效辅导应贯穿整个绩效目标达成的始终。管理者可以根据需要，在全年之中定时与不定时地向员工提供反馈指导。

1. 定期绩效辅导

绩效辅导应是经常性的，不能等到问题发生的时候才开始进行。定期绩效辅导需要制定合理的制度和工作流程，积极引导员工朝着正确的方向前进。其频率应视员工成熟度而异。对于成熟度较高的员工，管理者的绩效辅导频率可以适当减少；但对于新员工、绩效考核结果不佳的员工、业绩下滑的员工，可每月进行辅导沟通。

2. 不定期绩效辅导

管理者必须掌握辅导的恰当时机，才能获得较好的效果。以下是需要管理者开展不定期辅导的时机：①当员工需要征求意见时，或当员工在工作中遇到难以解决的问题并希望得到帮助时，管理者可以传授员工一些解决方法与技巧。②当员工的绩效行为/结果不符合标准而自己尚未发觉时，管理者应该及时给予提醒或指导，以纠正其不当行为或观念。③当管理者发现可以用另一种方式将工作做得更快更好时，也可以给予员工指导。④当管理者发现员工拥有可供开发的潜力，而企业恰好有新的项目和发展机会时，可以辅导员工争取机会。

四、注意事项

绩效辅导是体现管理者管理水平与领导艺术的主要环节，员工对绩效辅导的反馈也是不可或缺的部分。管理者应定期征求员工对辅导者以及辅导活动的看法，以便找出可以改进的地方，这样可以使辅导更有效。绩效辅导的输出结果是绩效辅导表（如表3－4所示），此表在员工与直接主管双方签字确认后存档。

表3－4 绩效辅导表（示例）

岗位名称：培训主管　任职者姓名：________　所在部门：人力资源部 直接主管：人力资源部经理 绩效年度：____年____月至____年____月 第一次辅导日期：____年____月____日			
下表由员工本人与直接主管讨论后填写：			
序号	主要问题	原因分析	行动计划
1	ERP培训远落后于计划	• 人手不够。培训部只有4位培训师，其中一位生病住院，其他三位最近忙于新员工入职培训，没有精力进行ERP培训 • 其他三位培训师的电脑知识有限，对ERP培训感到力不从心	• 培训主管：下周一之前提交ERP培训的下一步详细计划；本周之内制订人员临时调配方案，交人力资源部经理 • 人力资源部经理：本周协调IT部获取支持，下周反馈
……	……	……	……
员工签名：　　　　直接主管签名：			

案 例

星巴克一线经理对员工的绩效辅导

零售业的新员工业务能力和薪酬都不会很高，星巴克的新员工也不例外。根据员工的职业发展路径，星巴克打造了“前台服务员—一线经理—区域经理”的发展路线，每个阶段都有针对性的绩效辅导。在星巴克，对员工进行绩效辅导的主体分别有星巴克大学和一线经理。

星巴克（中国）大学于2012年4月成立，是在学习与发展部门基础上发展的企业大学。作为公司人才发展的中心，它承担着支持伙伴发展技能，帮助提升现阶段工作效率和实现职业上升的重责；同时，它也是传承咖啡文化，提升零售管理水平，传递和交流内部知识的平台。星巴克（中国）大学的工作人员仅20多人，不可能对上万名员工一一开展绩效辅导，因此常态化的绩效辅导是由一线经理承担的。

星巴克的绩效辅导很大部分是通过一线经理来完成的。一线经理好比一名教练，负责辅导自己的“队员”。辅导内容不仅仅是教员工做咖啡，更注重企业文化的塑造。星巴克的绩效辅导并没有口号，而是通过故事，结合生活实例来完成。每名员工在接受绩效辅导时，不仅能提高业务能力和职业素养，还能对公司产生实实在在的归属感与认同感。星巴克的绩效辅导也是公司内部分享的过程。一线经理对员工的绩效辅导成功了，员工也会主动与客户分享，客户也就会对公司更加认可。借用星巴克创始人兼CEO霍华德·舒尔茨（Howard Schultz）的一句话：“星巴克不仅为用户提供咖啡，公司侧重的其实是人，咖啡只是与人打交道的载体。”星巴克要求每一名员工晋升之后，都要在星巴克大学中分享自己的工作经验和技能，这样不仅能使员工自身提高绩效，还能将公司的绩效辅导体系化。

资料来源：胡华成. 绩效管理与考核全案. 北京：清华大学出版社，2019.

第四章

绩效考核设计

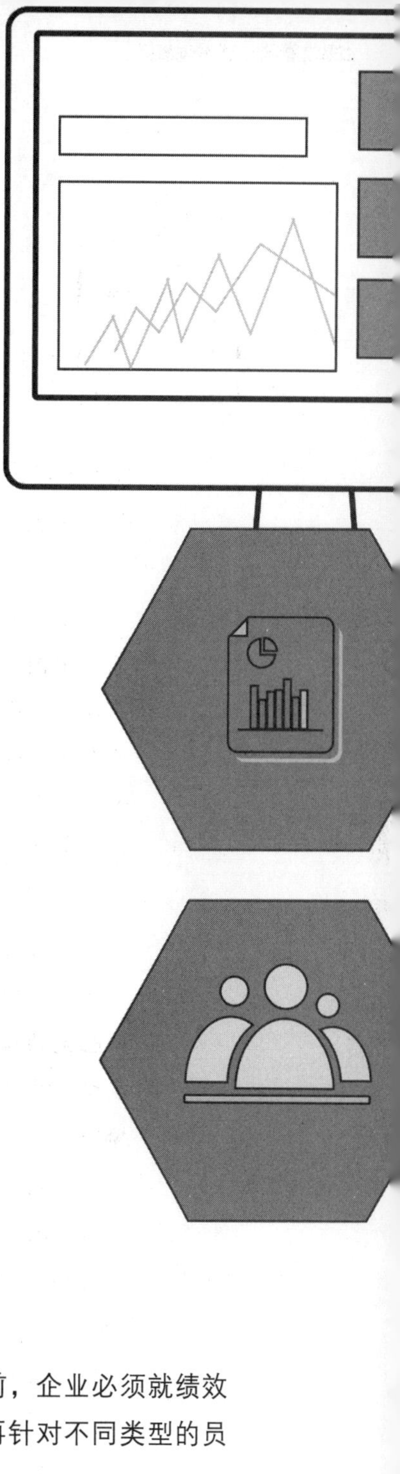

绩效考核是绩效管理的核心环节。实施绩效考核之前，企业必须就绩效考核方法、考核主体、考核流程等形成统一认知，然后再针对不同类型的员工采取差异化的绩效考核方案。

- ⊙ 绩效考核方法的分类
- ⊙ 绩效考核主体的选择
- ⊙ 绩效考核的基本流程

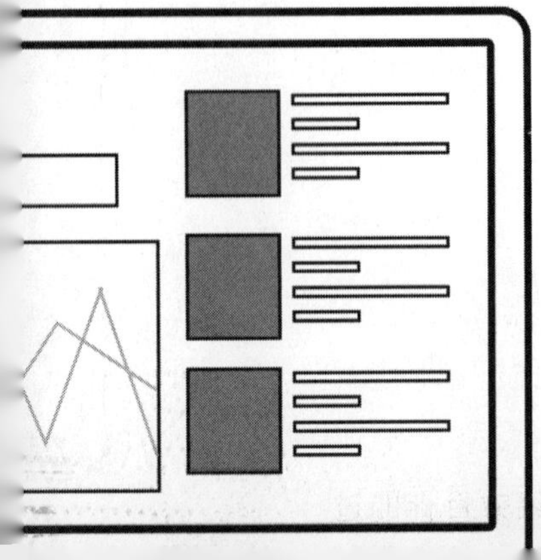

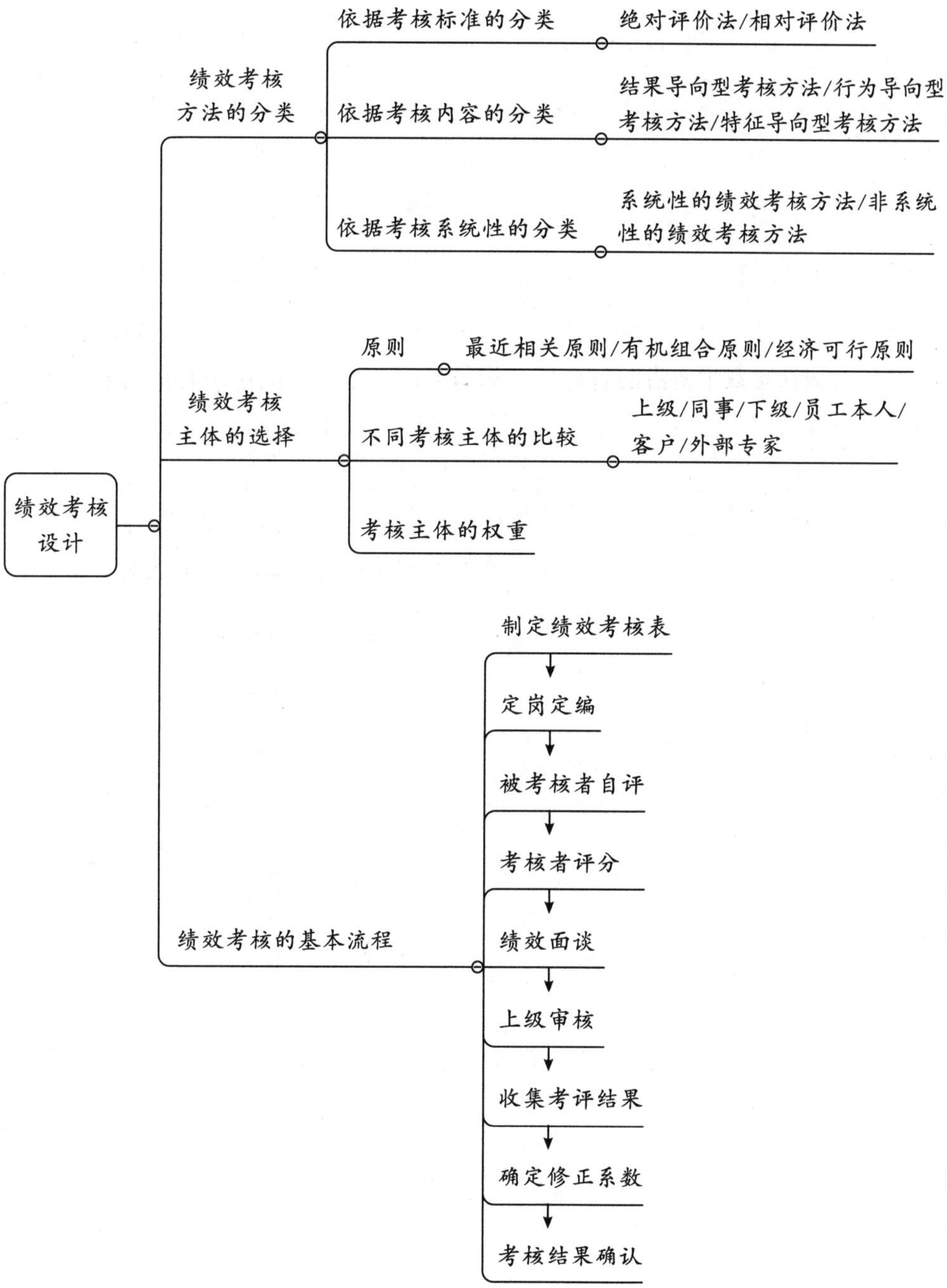
绩效考核设计
绩效考核方法的分类
依据考核标准的分类
绝对评价法/相对评价法
依据考核内容的分类
结果导向型考核方法/行为导向型考核方法/特征导向型考核方法
依据考核系统性的分类
系统性的绩效考核方法/非系统性的绩效考核方法
绩效考核主体的选择
原则
最近相关原则/有机组合原则/经济可行原则
不同考核主体的比较
上级/同事/下级/员工本人/客户/外部专家
考核主体的权重
绩效考核的基本流程
制定绩效考核表
定岗定编
被考核者自评
考核者评分
绩效面谈
上级审核
收集考评结果
确定修正系数
考核结果确认

第一节　绩效考核方法的分类

绩效考核方法很多，每种方法都有各自的优缺点，适用领域也有所区别。一般来说，大多数企业会综合使用不同方法，以适应不同发展阶段、不同岗位的绩效考核需要。下面按照不同标准对绩效考核方法进行分类阐述。

一、依据考核标准的分类

1. 绝对评价法

绝对评价法是对每个员工的绩效进行单独评价，而不是通过员工之间的相互比较确定员工评级。它对绩效考核的要求很高，只有大家都公平、公正、严格地对待考核，评价标准有效，考核分值分布合理，才能对绩效考核区分等级。但现实的复杂程度远高于预测，由于难以区分考核等级或者主管面临员工考评压力，往往大家都是“优秀”，最终使得绩效考核流于形式。

2. 相对评价法

为了避免绝对评价法的潜在弊端，加强团队内部竞争的势能，不少公司开始采用强制排序法，就是将一定范围内的员工按照考核成绩进行排序，然后根据比例强制划分为各个等级。这是一种典型的相对评价法。相对评价法无法在工作内容差异较大的部门之间进行横向比较；而且如果一个部门里所有员工都表现优秀，部门经理就难以决定把谁放到较低的等级中。

究竟选择绝对评价法还是相对评价法，这需要视组织、团队和岗位特点而定。

从组织特点来看，对于小规模公司来说，管理层级不超过三层，CEO 对企业每个员工的表现都有准确的感知，建议主要采取绝对评价法，不需要进行排序来确定等级，管理成本也较低。对于大规模公司来说，管理层级较多，高层管理者很难观察到每个员工的工作表现，必须依靠中层管理者进行人员管理和价值分配，建议采取相对评价法，使激励成本可控并创造内部竞争。

从团队特点来看，如果当前企业内部“吃大锅饭”倾向严重，员工缺乏拼搏意志，则需要鼓励竞争，激发团队活力，建议采取相对评价法，甚至引入末位淘汰机制；如果希望团队内部有更多合作，通过“把蛋糕做大”来获得更多收益，建议采取绝对评价法。

从岗位特点来看，对于基层工作岗位，建议采取绝对评价法，以倡导合作；对于中层管理岗位，建议采取相对评价法，鼓励部门之间的竞争，传递危机感，使部门持续进步；对于高层管理岗位，对企业目标的完成结果负责，建议采取基于目标管理的绝对评价法。

二、依据考核内容的分类

1. 结果导向型考核方法

考核重点是工作产出和贡献，不关心行为和过程。包括个人绩效合约法、产量衡量法等。这类考核方法适用于：①外部环境竞争激烈的组织。为了迅速适应复杂多变的形势，往往采用强调当前工作成效且绩效数据易于获得的考核方法。②工作成果容易量化、工作独立性较高的岗位，例如一线的生产操作人员；此外，高层管理岗位的工作复杂，很难通过具体的工作行为评估其绩效，采用以结果导向型为主的绩效考核方法比较合适。这类考核方法的缺点是：对于绩效目标难以量化的岗位不适用。

2. 行为导向型考核方法

考核重点是员工的工作行为和过程。包括关键事件记录法、行为观察量表法、行为锚定等级评定量表法、不良事故评估法等。这类考核方法适用于：①外部环境相对稳定、同行竞争压力较小的组织。②工作成果难以量化或强调以某种规范完成工作任务的岗位，例如行政管理人员。这类考核方法的缺点是：难以开发出所有与工作行为相关的标准；对于一些“吃力不讨好”的工作，难以把握考核尺度。

3. 特征导向型考核方法

考核重点是员工的个人特征和能力，如诚实度、合作性、沟通能力、决策能力等。特征导向型考核主要有图尺度考核量表法。其优点是：可以引导员工开发自身潜能，有助于对员工进行长期培养。这种方法多在选拔中层管理者的考核中使用。其缺点是：评价主观性强，易发生主观判断误差。

三、依据考核系统性的分类

1. 系统性的绩效考核方法

企业的关键工作岗位与企业战略密切相关，企业战略目标可以在这些关键员工的绩效指标中反映出来。例如基于关键绩效指标（KPI）的考核方法、基于平衡计分卡（BSC）的考核方法。这两种方法将在第六、七章分别进行专门阐述。

2. 非系统性的绩效考核方法

一般来说，基于岗位说明书提炼绩效指标的岗位与企业战略目标的实现关联不大。针对这类岗位考核，可以采取非系统性的绩效考核方法。例如关注员工行为及其个人特征的绩效考核。本书将在第五章介绍非系统性的绩效考核方法。

第二节 绩效考核主体的选择

绩效考核主体是指员工绩效的评估者。不同的考核主体对员工工作状况的了解程度不同，考核结果也会有差异。因此，科学地选择考核主体非常重要。

一、选择考核主体的原则

1. 最近相关原则

考核主体应是与被考核者有紧密联系的人，能够观察被考核者的工作表现。具体来说，应满足以下条件：①熟悉被考核者的工作表现。尤其是本考核周期内，有近距离观察其工作的机会。②了解被考核者的职务性质、工作内容、工作要求及公司政策。③与被考核者的工作高度相关、接触频繁。④能将观察结果转化为有用的评价信息。

2. 有机组合原则

结合不同考核主体参与的优缺点，合理选择考核主体。在实践中，可通过更新理念、规范制度、完善体系等方法，逐步引导考核主体的行为合理化和规范化。

然后，根据各考核主体的效度和权重，在及时沟通的基础上，合理修正考核结果，形成对被考核者重点突出、系统科学的评价。

3. 经济可行原则

一般而言，考核主体的涉及面越广泛，绩效考核的信度与效度就越高。但任何活动的开展都需要付出相应的成本，引入多个考核主体可能造成考核结果的混乱与冲突。在实践中，应根据企业的实际情况和考核目的，在确保考核信度与效度的基础上，合理选取考核主体，力争以最低成本达到对被考核者客观公正的评价。

二、不同考核主体的比较

常见的考核主体有上级、同事、下级、员工本人、客户等。他们具有不同的特点，在绩效考核中承担了不同的考核责任。

1. 上级

直接上级通常是最熟悉被考核者工作情况的人，他们对考核内容也比较熟悉，因此，上级考核在实践中被广泛地运用。绩效考核也是直线主管对员工进行有效管理的工具之一，他们经常通过考核与奖惩相结合的方式为员工工作提供激励；还通过绩效沟通了解下属的想法，发掘其潜力。不过，上级考核也存在局限性。例如，当考核结果涉及加薪、升职等重要决策时，上级可能会考虑部门内部的平衡；直接上级在与员工交往的过程中也可能存在主观偏见。有些企业会让上级的上级（间接上级）参与员工绩效的考核，一来可以起到监督作用，二来便于平衡下属各部门考核打分的宽严程度。

2. 同事

同事是指与被考核者工作联系较为密切的同级别人员。他们对被考核者的工作技能、工作态度、工作表现等较为熟悉，在考核中更加关注彼此在工作中的合作情况，这一点是上级难以准确评价的。同事考核的局限性在于：①当考核结果与薪酬、晋升绑定时，往往会因为利益冲突影响考核信度。②同事考核会受到个人感情、人际关系等因素的影响而存在主观性。③如果所有同事串通起来相互为对方打高分，则可能使考核结果失去意义。

3. 下级

由于经常与上司接触，下级可以从独特视角观察到许多与工作相关的行为。下级考核可以帮助上司发展诸如领导艺术、公正性等管理才能，还可以使上司受到有效监督。不过，下级很有可能从自己的利益出发对上司行为进行判断，因此对其评价结果要合理分析之后再应用。上司也可能担心管理行为触动员工利益而在工作中缩手缩脚，影响其管理工作的正常开展。此外，在一个缺乏民主氛围的企业中，下级在评价上司的时候可能会有所保留。因此，下级评价时最好是匿名的。

4. 员工本人

员工对自己的工作情况很了解，如果给他们机会对自己的绩效进行评价，会促使他们在自我工作技能的开发方面更为主动。员工自评的缺陷是倾向于高估自己的绩效，因此仅适用于“自我发展”的考核用途，不适合在加薪、晋升等方面作为评判参考。

5. 客户

客户包括外部客户与内部客户。对于那些经常与外部顾客和供应商打交道的员工，最常见的做法就是将顾客和供应商纳入考核主体。内部客户是企业内部接受被考核者服务的其他部门员工。例如，接受过人力资源部招聘岗和培训岗服务支持的主管人员，就是可对人力资源部进行考核的内部客户。内部客户的考核可以增进企业的内部协同配合，提高流程运作的质量和效率。其缺点是：不易控制。

6. 外部专家

有些企业还会聘请经验丰富的外部专家参与对员工绩效的考核。外部专家与被考核者无利益冲突，较易做到公正客观；能发挥专家的特长，获得较为可信的结论。其缺点是：外部专家可能对企业业务不熟悉，必须配备企业内部人员协助；聘请外部专家的成本较高，需要投入较多的时间和精力准备。

综上所述，针对具体的考核目的，企业应该在了解各考核主体优缺点的基础上灵活选择（如表4-1所示）。

表 4-1　绩效考核主体的选择

考核目的	考核主体					
	上级	同事	下级	员工本人	客户	外部专家
评选优秀	√	√		√	√	
评选资格		√		√		√
选拔后备领导	√	意见参考	√	√		意见参考
选拔技术骨干	√			√	√	√
晋升职称	√			√		√
薪资评定/晋升	√					√
达标分析	√			√	√	
奖励	√				√	
培训效果分析	√					√
各级领导考评	√	√	√	√		
例行人事考评	√			√		

三、考核主体的权重

通常，直接上级和员工本人是最常见的两类考核主体。一般直接上级打分占 90%，员工自评占 10%。有些企业会让间接上级参与员工绩效评价，权重通常依次为：直接上级打分占 70%，间接上级打分占 25%，员工自评占 5%。

为了确保考核的全面性，企业会从组织内部不同层次、不同岗位的员工以及组织外部的利益相关者中抽选人员组成考核体系，这被形象地称为“360 度考核”。360 度考核的主体包括上级、同事、下级、员工本人和客户。在实践中，可以根据企业绩效考核的目的和需要，调整不同评价主体打分在总考核体系中的权重，从而对员工行为产生引导作用。

第三节　绩效考核的基本流程

绩效考核的基本流程通常由九个环节组成，参与考核的人员只要控制这些关键环节，掌握其中的工作技巧，就可以有效地完成考核工作。

1. 制定绩效考核表

人力资源部根据企业的实际情况，编制各岗位的绩效考核表，拟订考核计划，对各级绩效考核者进行培训，并提出处理考核结果的应对措施，供考核委员会决策。表 4－2 是某企业销售经理季度绩效评价表示例。

表 4－2　销售经理季度绩效评价表（示例）

________年________季度

部门：　　　　　　被考核者姓名：　　　　　　工号：

考核要素	权重	工作目标计划	完成情况	自评	主管评价	得分
1. 销售目标完成率	30%					
2. 空白市场进入目标完成率	15%					
3. 合同错误率	5%					
4. 项目管理（立项、策划、分析、监控、档案、总结）	10%					
5. 以技术引导为目的的客户拜访数量和质量	5%					
6. 技术方案的质量	5%					
7. 例行工作报告的质量	5%					
8. 控制合同成交质量（价格、付款方式）	5%					
9. 客户满意度改进	5%					
10. 有效沟通与协作	5%					
11. 由上级主管确定的其他关键行为或用来调节上述关键行为权重的部分	10%					

工作目标计划沟通确认： 主管：　　　　责任人：	工作评价： 总分：　　　　评价结果：
评价沟通记录： 主管：　　　　责任人： 年　月　日　　　　年　月　日	二级评价： 审核人： 年　月　日

2. 定岗定编

根据不同岗位的职位职责，确定管理层级、机构设置、人员配备。确定岗位的难易程度，定岗定编，可以让每名员工清楚自己的岗位情况，为考核公平奠定基础。

3. 被考核者自评

考核期结束后，被考核者依据绩效考核表、工作计划、工作进度汇报表对自己在考核期间的工作完成情况及工作态度、工作能力等进行评价打分。

4. 考核者评分

考核者根据员工日常工作完成情况、考勤情况、工作日志等进行客观、公平、公正的打分，对其在工作期间表现出来的不足提出相应建议。如果一个员工有双重直接主管，则由主要业务直接主管负责协调另一业务直接主管，对该员工进行考评。

5. 绩效反馈面谈

考核完成之后，考核者应该安排时间与被考核者进行绩效反馈面谈。面谈过程中，被考核者可以对考核评分提出不同意见；对于不正确的意见，考核者要耐心解释。如果达成一致意见，双方在绩效考核表上签字确认；如果难以达成一致，可以提交上一级审核人决定。如果被考核者对审核人的意见也不能接受，可以提交企业评审委员会做最终决定。评审委员会的主要职责是：修正企业各部门因考核尺度不同产生的偏差，处理在绩效评估中考核者与被考核者就考核结果不能达成一致意见而产生的投诉。

6. 上级审核

经考核者与被考核者签字确认的绩效考核表要交由考核者的上一级主管进行审核。对于有异议的考核表，审核人可以退回考核者。考核者调整考核分数，与被考核者面谈并确认后再递交审核人。审核人将审核签字的绩效考核表提交评审委员会。

7. 收集考评结果

由企业人力资源部收集各部门员工的考核结果并进行统计汇总，形成各部门考核成绩汇总表，报评审委员会。

8. 确定修正系数

由于各部门考核者和审核人在考核过程中的标准不统一，评审委员会共同讨论确定一个修正系数。对于考核尺度较严格、考核成绩偏低的部门，可以给出一个大于 1 的系数；对于考核尺度较松、考核成绩偏高的部门，可以给出一个小于 1 的系数。

9. 考核结果确认

考核流程的最后一个环节是计算每个员工的最终考核成绩。各部门领导就绩效考核的最终结果与下属沟通，达成一致意见之后兑现绩效发放。

第五章

非系统性的绩效考核方法

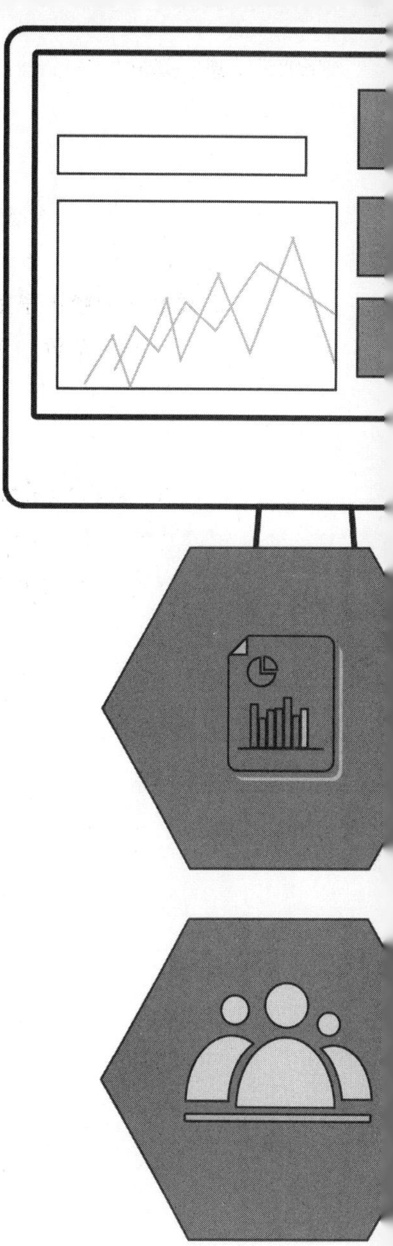

有些企业在进行绩效考核时，并不是按“企业战略—部门目标—员工绩效目标”逐级进行系统设计，而是就具体的工作任务，在员工个体绩效层面设计并进行绩效考核。本章专门介绍一些非系统性的绩效考核方法。

- 相对评估法
- 绝对评估法
- 行为导向型考核方法
- 特征导向型考核方法
- 绩效考核误区及规避方法

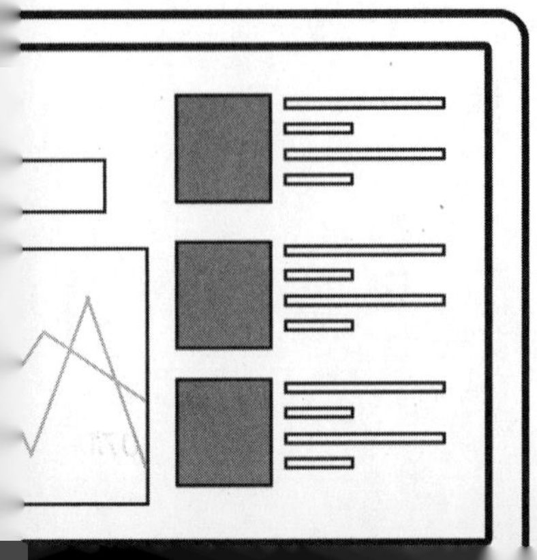

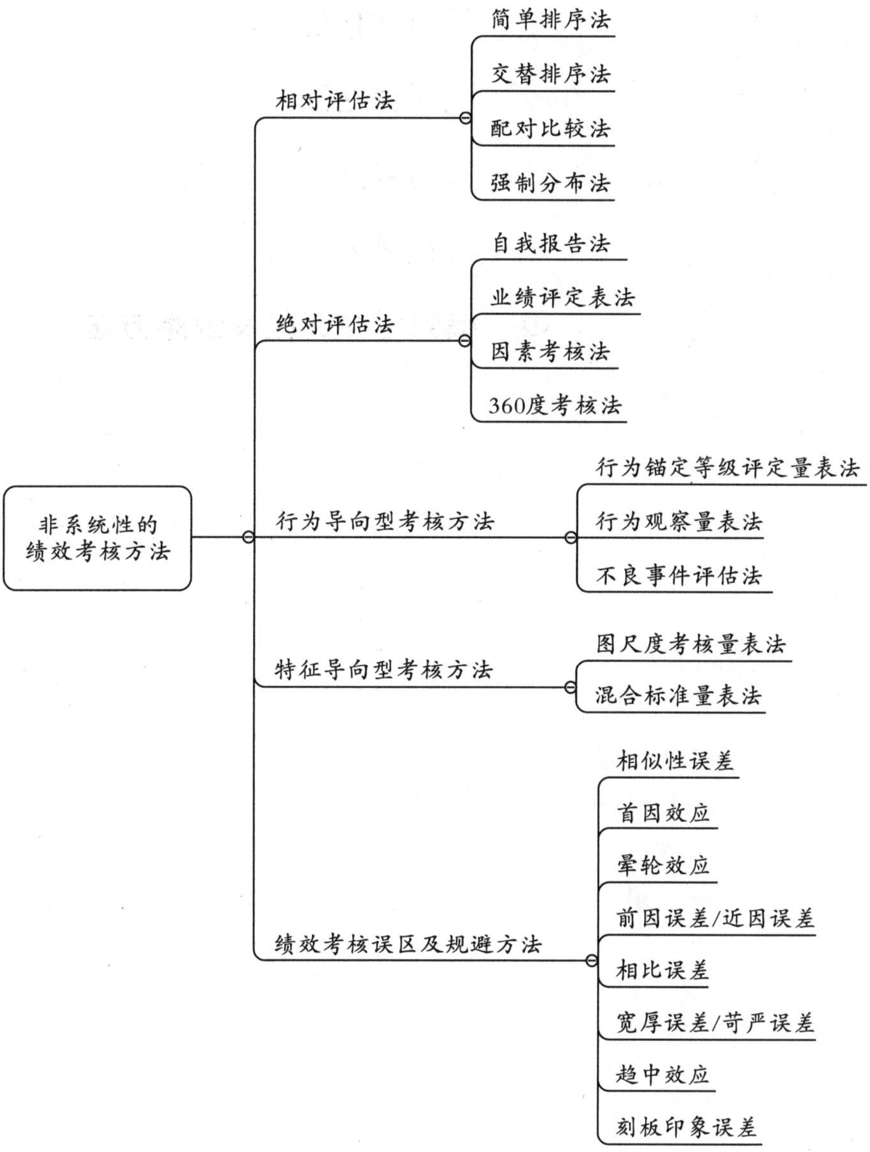
非系统性的绩效考核方法
相对评估法
简单排序法
交替排序法
配对比较法
强制分布法
绝对评估法
自我报告法
业绩评定表法
因素考核法
360度考核法
行为导向型考核方法
行为锚定等级评定量表法
行为观察量表法
不良事件评估法
特征导向型考核方法
图尺度考核量表法
混合标准量表法
绩效考核误区及规避方法
相似性误差
首因效应
晕轮效应
前因误差/近因误差
相比误差
宽厚误差/苛严误差
趋中效应
刻板印象误差

第一节　相对评估法

相对评估法是在员工相互比较的基础上确定员工绩效等级的方法。具体有简单排序法、交替排序法、配对比较法和强制分布法，其中最常用的是强制分布法。

一、简单排序法

简单排序法是对一个部门所有员工进行比较的考核方法。先确定若干个考核指标，然后分别针对每个考核指标，将相同岗位的员工进行比较排序，表现较好的员工排在前面，依此类推，最差的排在后面，并给予相应的考核分数。最后，将每位员工所有考核指标的评分加总，就可获得该员工的考核结果。这种方法的优点是：简便易行。缺点是：①应用范围受限。部门考核的人数不能过多，而且只适用于同类岗位员工的考核。②当部门内部员工绩效水平相近时，难以准确排序。

二、交替排序法

交替排序法是根据绩效考核指标，将员工从绩效最好到最差进行交替排序，最后根据序列值来计算得分的考核方法（见表 5 - 1）。交替排序法的倡导者认为，在一般情况下，从员工中挑选出最好的和最差的，比评估他们的绩效差异要容易得多。这种方法简单实用，考核结果也令人一目了然。缺点是：①不适用于工作性质不同的员工考核。②考核结果完全由上司断定，其对个人利益的考虑、情感和偏好可能会掺杂到绩效评价中。

表 5－1　交替排序法（示例）

<table>
<tr><td colspan="2">考核指标：＿＿＿＿＿＿＿
　　请针对你所要考核的指标，将部门 20 名员工的姓名都列出来。将工作绩效考核成绩最高的员工姓名列在第 1 行的位置上；将最低的员工姓名列在第 20 行的位置上。然后，将次最高的员工姓名列在第 2 行的位置上，将次最低的员工姓名列在第 19 行的位置上。将这一交替排序继续下去，直到所有员工都被排列出来。</td></tr>
<tr><td>1.</td><td>11.</td></tr>
<tr><td>2.</td><td>12.</td></tr>
<tr><td>3.</td><td>13.</td></tr>
<tr><td>4.</td><td>14.</td></tr>
<tr><td>5.</td><td>15.</td></tr>
<tr><td>6.</td><td>16.</td></tr>
<tr><td>7.</td><td>17.</td></tr>
<tr><td>8.</td><td>18.</td></tr>
<tr><td>9.</td><td>19.</td></tr>
<tr><td>10.</td><td>20.</td></tr>
</table>

三、配对比较法

配对比较法也称两两比较法。基本做法是：针对每个考核指标，将所有需要考核的员工列在一起，随意选取两位员工进行相互比较，较好的员工记为 1，相对较差的员工记为0；这样反复几次，当所有员工都完成比较后，将每个员工的得分相加。总分越高，绩效考核结果越好（如表5－2所示）。配对比较法使排序性的绩效考核方法更为有效，而且考核结果更为可靠。缺点是：①受被考核者人数的限制。如果人数较多，这种方法会比较浪费时间。②考核结果可能存在主观性，不能反映员工之间的差距有多大，也就无法指导员工改进绩效。

表5－2 配对比较法（示例）

考核指标：工作完成的及时性

比较	被比较							
	赵某	钱某	孙某	李某	周某	吴某	王某	得分合计
赵某		1	1	0	1	1	1	5
钱某	0		0	0	1	0	1	2
孙某	0	1		0	1	1	1	4
李某	1	1	1		1	1	1	6
周某	0	0	0	0		0	0	0
吴某	0	1	0	0	1		1	3
王某	0	0	0	0	1	0		1

四、强制分布法

强制分布法是根据“中间大、两头小”的正态分布原理，预先确定考核等级以及各等级在总数中所占的百分比，然后按照员工绩效的优劣程度将其列入某一等级的考核方法。美国GE公司的“活力曲线”就是典型的强制分布法（如图5－1所示）。GE公司把员工分成A、B、C三类：A类是优秀员工，占比为20%；B类是绩效合格员工，占比为70%；C类是绩效待改进员工，占比为10%。强制分布法通过鼓励竞争、淘汰末位来激发员工的极限能力，被认为是给GE公司带来无限活力的法宝之一。

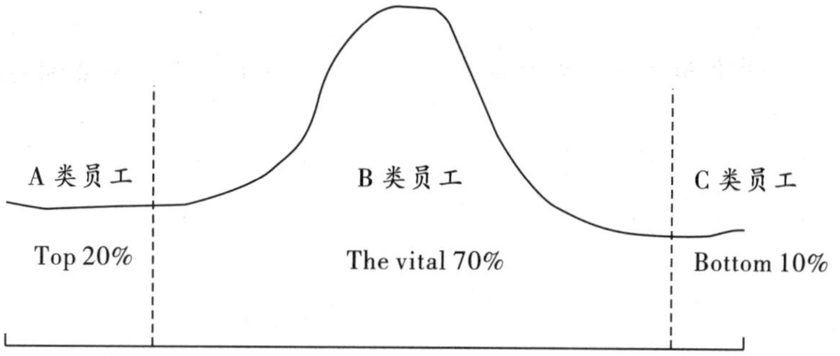

图 5－1　GE 公司的“活力曲线”

强制分布法的优点有：①员工会产生除了要完成目标还要努力超越他人的压力，从而更加卖力地工作。②可以预防部门主管出于人情不愿在考核中得罪员工的趋中倾向。缺点有：①如果员工的绩效水平并不遵从所设定的分布，还要硬性对员工进行区别，会造成不公平，容易引起员工的不满。②可能会破坏团队内部的和谐氛围，造成员工之间以及上下级的关系紧张。③有些部门为应付公司硬推下来的强制分布要求，想出“轮流坐庄”等弄虚作假的对策，这不符合强制分布法的初衷。鉴于以上潜在问题，建议在特定情况下才过渡性地采用这种考核方法。

第二节　绝对评估法

绝对评估法是对每个员工的工作绩效单独进行考核，而不是基于员工之间的相互比较得到员工绩效考核的结果。

一、自我报告法

自我报告法是指被考核者利用书面形式对自己的工作进行总结和考核的方法。通常，被考核者会填写一份自我鉴定表（如表 5－3 所示），对照岗位目标要求，回顾考核期内的工作业绩并做出未来计划。为避免被考核者盲目高估自己，自我鉴定表一般都会要求被考核者写出考核期内的关键性事件。自我报告法多用于管理人员的自我考核，且考评人数不宜太多。

表 5－3　员工自我鉴定表（示例）

姓名		学历		专业	
部门		加入本部门日期		现任岗位	
目前工作	本年（月）你实际承担了哪些工作？你执行工作时曾感到有什么困难？				
工作目标	本年（月）你的工作目标是什么？				
目标实现	本年（月）你的目标实现程度如何？				
原因	你的目标实现（或不能实现）的原因是什么？				
贡献	本年（月）你对公司较有贡献的工作是什么？你做到了什么程度？				
工作构想	在所承担的工作中，你有什么更好的构想？请具体说明。				

二、业绩评定表法

业绩评定表法又称等级度量法，是根据所给定的指标对员工绩效判定等级的方法。表 5－4 中，考核指标包括与工作有关的指标（如工作数量和工作质量）和与个人特征相关的指标（如可靠性、积极性、适应能力）。等级度量有两种方法。如果使用连续计分法，考核者必须在连续尺度上给予最能代表被考核者实绩的分数。如果采用不连续计分法，则是在既定等级中选定一个最接近实绩的等级。表 5－4 采用的就是后者。为了避免武断或草率的判断，考核者给被考核者打出最高或最低等级时必须给予特别说明。

业绩评定表法的优点有：操作简单易行；在连续计分法中可依据评价分数对不同的被考核者进行比较。缺点有：①由于评定表未给出明确的评分标准，常常凭考核者的主观判断来评定，因而不能为员工提供具体反馈和改进建议。②未对各考核指标的重要性设定权重。

表 5-4 员工业绩评定表（示例）

<table>
<tr><td colspan="6">员工姓名：　　　　工作岗位：　　　　所在部门：
直接主管：　　　　考核期：</td></tr>
<tr><td colspan="6">考核说明：
1. 每次仅考虑一个指标，不能因某个指标的考核结果而影响其他指标的考核；
2. 考核时要考虑整个考核期内的业绩，避免受近期事件或孤立事件的影响；
3. 对照一般员工应履行的职责，对于优秀或良好的考核等级，说明该员工与一般员工有何明显区别。</td></tr>
<tr><td rowspan="2">考核指标</td><td colspan="5">考核等级</td></tr>
<tr><td>优秀
不断超出要求</td><td>良好
经常超出要求</td><td>一般
一直符合要求</td><td>低于一般
有时不符合要求</td><td>较差
不符合要求</td></tr>
<tr><td>工作数量</td><td></td><td></td><td></td><td></td><td></td></tr>
<tr><td>工作质量</td><td></td><td></td><td></td><td></td><td></td></tr>
<tr><td>可靠性</td><td></td><td></td><td></td><td></td><td></td></tr>
<tr><td>积极性</td><td></td><td></td><td></td><td></td><td></td></tr>
<tr><td>适应能力</td><td></td><td></td><td></td><td></td><td></td></tr>
<tr><td colspan="6">员工声明：　我同意□　不同意□　这次考核</td></tr>
<tr><td colspan="6">评论：</td></tr>
<tr><td colspan="6">员工签名：　　　　负责人签名：　　　　审核人签名：
日期：　　　　日期：　　　　日期：</td></tr>
</table>

三、因素考核法

因素考核法是给各项考核指标分配权重，然后根据被考核者的实际表现对各项考核指标评分，最后汇总得出总评分。因素考核法克服了业绩评定表法的部分缺点，不但考虑了各项考核指标的重要性，在此基础上进行的分数加总更能反映不同员工之间的绩效差距。表5－5在每项考核指标下方还设置了“评语”一栏，目的在于为考核者对员工的考核定级提供事实依据。不过，等级量表未给出明确的评分标准，主观性仍不可避免。

表5－5 因素考核法（示例）

员工姓名：			工作岗位：			所在部门：	
	权重	优秀 5分	良好 4分	一般 3分	低于一般 2分	较差 1分	得分
工作数量	10%						
评语							
工作质量	15%						
评语							
专业知识	15%						
评语							
合作精神	20%						
评语							
可靠性	15%						
评语							
创造性	15%						
评语							
纪律性	10%						
评语							
总分							

四、360度考核法

360度考核法又称全方位绩效考核法，最早由美国英特尔公司提出并应用。这种方法与其他考核方法最大的不同之处在于评价主体的多维性（如图5－2所示）。

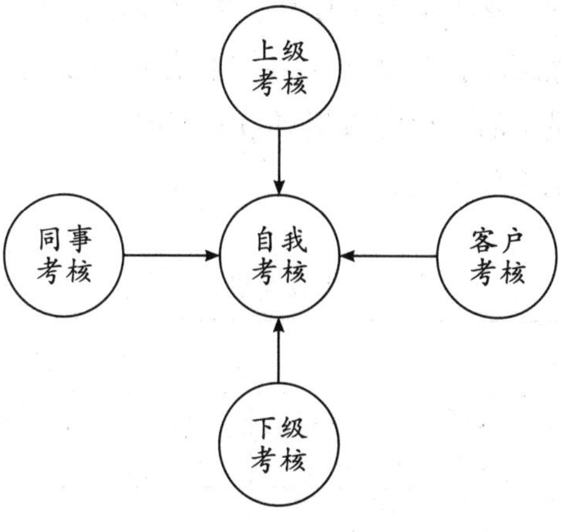

图 5-2　360 度考核法

360 度考核法的优点：①打破了由上级考核下属的传统做法，可以避免单个考核主体的个人偏见和考核盲点。②被考核者想要影响多个考核主体非常困难，因而最后的绩效结果更为准确。③较为全面的反馈信息有助于被考核者提升多方面的能力。

360 度考核法的缺点：①多主体共同考核导致的成本上升可能会超过考核带来的价值。不过，随着企业内网平台的搭建，这部分成本可以大大削减。②有的员工不正视上司及同事的批评与建议，将工作上的问题诉诸个人情绪，利用考核机会“公报私仇”。因此，企业要考虑 360 度考核结果的应用目的。如果是应用于员工发展而非晋升、薪资调整等目的，考核者做出的评价会更客观，被考核者也更愿意接受考核结果。

案　例

Facebook 的 360 度考核

作为社交媒体巨头的 Facebook，每半年开展一次 360 度考核。其考核主体主要有三类：同事、员工本人和上级。具体过程是：要求员工在两周时间内征集 3 ~ 5 个“亲密”同事的反馈，然后自己写一份自我评价，交给经理们进行综合评估，最终决定该员工是否会得到奖励或晋升。

以上绩效信息的收集、反馈与跟踪都通过 Facebook 的内部软件得以实现。平时每个员工都可以通过该软件获得及时反馈，大家已经非常了解彼此的工作表现，可以消除360度考核带来的不确定性和模糊性。

Facebook采用这种绩效管理手段并非为了解雇那些表现欠佳的员工，而是把它作为一种检查工作成效的手段，以便及时发现问题；同时，Facebook也将它作为一种激励手段，让那些表现优异的员工能获得奖励（不到2%的员工可以获得优异等级）。

Facebook在其绩效管理战略中提出了三个核心价值观：公平、透明和成长。这些价值观与公司高层致力打造的企业文化有关。公司领导层愿意倾听员工们的心声，对待他们非常谦和，秉持开放、透明的文化理念。因此，虽然一年两次的绩效考核让员工们稍感压力，但还是有多达87%的员工表示希望公司能保留这种绩效管理方式，从而让员工们更容易获得认可和关注；加上考核程序是公开透明的，员工们都能知道彼此的表现、立场和目标，通过这种正式的考核，也能让员工们清楚自己对企业的影响和贡献，而经理们也能通过考核识别并奖励表现最好的员工，打造高绩效的团队。

不过，Facebook的360度考核也受到部分员工的质疑。有员工说，尽管公司及时向员工提供反馈，但这种考核方式“仍不可避免地创造出了一个充满竞争和敌意的工作氛围”。也有人认为，这种考核方式完全是在竞选“最佳人气奖”，谁的人缘好，能和经理们处好关系，那他/她一定能获得高分；而且员工们往往只挑选那些彼此喜欢的人一起共事。从考核主体来看，Facebook选择的考核者也偏少。请问，你怎么看待Facebook的360度考核？

资料来源：脸书Facebook的360度绩效考核案例.（2020－09－04）. https://blog. mokahr. com/8168. html.

第三节　行为导向型考核方法

一、行为锚定等级评定量表法

行为锚定等级评定量表法（Behaviorally Anchored Rating Scale，BARS），是由美国学者史密斯（P. C. Smith）和肯德尔（L. Kendall）于20世纪60年代提出的。这种方法将传统业绩评定量表和关键事件记录法有效结合在一起，通常有以下四个步骤：①工作岗位分析。以岗位分析为前提获取关键事件，由主管做出明确简洁的描述。②建立绩效评价等级。将关键事件归并为若干绩效指标，对每个指标设置5～7个等级，并给出确切标准。③对关键事件重新加以分配。由另一组管理人员对关键事件做出重新分配，把它们归入最合适的绩效指标，确定关键事件的最终位置。④对关键事件进行评定。审核绩效考评指标等级划分的正确性，由第二组人员将绩效指标中包含的关键事件由优到差、从高到低进行排列。表5－6是行为锚定等级评定量表的示例。

表5－6　行为锚定等级评定量表（某银行大堂经理）

行为	等级锚定
不仅能做好引导工作，还能向客户介绍各业务办理的地点，并主动介绍本银行的基本情况	5
不仅能做好引导工作，还能引导客户办理业务	4
能够做好微笑迎宾工作，有时能解答客户关于业务办理的问题	3
能够做好微笑迎宾工作，但不能较好地解答客户关于业务办理的问题	2
仅能够做好微笑迎宾工作	1

行为锚定等级评定量表法的优点有：①参与设计人员对本岗位熟悉，专业技术性强，因此绩效考核标准的制定更为明确，对员工的行为指导性强。②评定量表上的等级尺度与行为表现的具体文字描述是一一对应的，具有较好的连贯性和较高的可信度。③考评维度清晰，各绩效指标的相对独立性强，有利于综合评价判断。

行为锚定等级评定量表法的缺点有：①制定锚定标准费时、复杂，设计与实施的费用高。因为从最初的搜集关键事件、关键行为到最后评定量表的建立，都需要大量员工和专家的参与；评定量表还需要不断地调整才能保障切实有效。②对于关键事件的分类存在一定程度的主观性，可能导致分类缺乏独立性、等级标准设立不准确，最终让考核者难以定夺。

二、行为观察量表法

行为观察量表法（Behavioral Observation Scale，BOS），是由美国人力资源管理专家拉萨姆（G. P. Latham）和瓦克斯雷（K. N. Wexley）于1981年提出。这种方法适用于对基层员工工作技能和工作行为的考察，其内容包含了成功完成特定工作所要求的一系列合乎期望的行为。

行为观察量表法是在关键事件记录法的基础上发展起来的，与行为锚定等级评定量表法大体接近，只是在量表的结构上有所不同。运用行为观察量表，不是要先确定员工工作表现处于哪一个水平，而是要确定员工某个行为出现的频率，然后通过给该行为出现的频率赋值［如：从不（1分）、偶尔（2分）、有时（3分）、经常（4分）、总是（5分）］，从而计算出得分。该方法可以将不同工作行为的评定分数直接加总得到一个总分；也可以按照工作行为对绩效的重要性程度赋予不同的权重，经过加权后再相加得到总分，从而作为不同员工之间进行绩效比较的依据。表5-7是行为观察量表的示例。

表5-7　行为观察量表（中层管理者的管理技能考核）

行为	打分
为员工提供培训与辅导，以提高绩效	几乎没有　1　2　3　4　5　几乎总是
向员工清晰地说明工作要求	几乎没有　1　2　3　4　5　几乎总是
适度检查员工的表现	几乎没有　1　2　3　4　5　几乎总是
认可员工的重要表现	几乎没有　1　2　3　4　5　几乎总是
告知员工重要信息	几乎没有　1　2　3　4　5　几乎总是
征求员工意见，以便自己做得更好	几乎没有　1　2　3　4　5　几乎总是
总分	

行为观察量表法的优点有：①克服了关键事件记录法不能量化、不可比较、不能区分工作行为重要性的缺点。②鼓励主管针对下属的优缺点与下属进行有意义的讨论，这对企业建立明确的绩效反馈系统有帮助。③由于此方法明确了既定岗位员工的行为要求，量表本身可以作为岗位说明书或其补充。

行为观察量表法的不足之处在于：①编制一份行为观察量表较为费时、费力。②完全从行为发生的频率考评员工，可能使考核者和员工双方忽略行为过程的结果。③随着组织日益扁平化，要让管理者观察众多下属的行为发生频率不太可能，这会影响此方法的应用范围。

三、不良事件评估法

组织中常有这样一些岗位，这些岗位工作的出色完成不会对组织目标的实现起到决定性作用；然而，一旦这些工作出现失误，却会给组织带来巨大的损失。例如企业的会计核算人员、医院的医护人员。不良事件评估法是专门对常规性、例行性工作岗位员工进行考核的方法。

不良事件评估法是通过不良事件清单进行绩效考核的。操作方法是：

第一步，确定不良事件清单。包括确定不良事件的内容，并对不良事件的处罚标准加以限定。

第二步，订立不良事件的监督与预防机制。评估只是手段，避免不良事件的发生才是组织的最终目的。因此，在进行不良事件评估前，要预先订立防范机制并让员工明确了解防范机制的内容。

第三步，记录员工在绩效周期内的不良事件（如表5-8所示）。

第四步，根据不良事件记录生成员工的绩效考核报告。

不良事件评估法的优点是：有助于尽量避免巨大损失的发生。其不足之处是：①不能提供丰富的绩效反馈信息。②同关键事件记录法一样，它不能用来比较不同员工的绩效水平。

表5-8　某医院医疗安全不良事件报告登记表

报告日期：　年　月　日　时　分　　　　事件发生日期：　年　月　日　时　分

1. 患者姓名：　　性别：　年龄：　职业：　　诊疗时间：　年　月　日　时　分
2. 临床诊断：
3. 在场相关人员或相关科室：
4. 事件发生场所：□急诊　□门诊　□住院部　□医技部门　□行政后勤部门　□其他
5. 不良后果：□无　□有（请写出）
6. 事件经过（可另加附页）：

（续上表）

<table>
<tr>
<td>7. 不良事件类别：
□ 信息传递错误事件：医师、护工、医技判定意见错误、医嘱错误（口头及书面）、其他传递方式错误
□ 治疗错误事件：患者、部位、器材、剂量等选择错误；不认真查对事件
□ 方法/技术错误事件：遗忘、未治疗、延期、时间或程序错误、不必要的治疗、灭菌/消毒错误、体位错误等
□ 药物调剂分发错误事件：医嘱、处方、给药、调剂等不良事件
□ 输血事件：医嘱、备血、传送及输血不当引起的不良事件
□ 设备器械使用事件：设备故障或使用不当导致的不良事件
□ 导管操作事件：静点滴漏/渗、导管脱落/断裂/堵塞、连接错误等
□ 医疗技术检查事件：检查人员无资质、标本丢失或弄错标本、试剂管理、医疗信息沟通错误；迟报、漏报、错报结果等
□ 营养与饮食事件：如饮食类别错误、未按医嘱用餐或禁食等</td>
<td>□ 基础护理事件：如摔倒、坠床、误吸、误咽、未按医嘱执行禁食/禁水、无约束固定、烧烫伤事件等
□ 物品运送事件：如延迟、遗忘、丢失、破损、未按急需急送、品种规格错误等
□ 放射安全事件：如放射线泄漏、放射性物品丢失、未行防护、误照射等
□ 诊疗记录事件：包括诊疗记录丢失、未按要求记录、记录内容失实或涂改、无资质人员书写记录等
□ 知情同意事件：如知情告知不准确、未行知情告知、未告知先签字同意、告知与书面记录不一致、未行签字同意等
□ 非预期事件：非预期重返 ICU 或延长住院时间
□ 医护安全事件：包括针刺、锐器刺伤、接触化疗药、传染病等导致损害的不良事件
□ 不作为事件：医疗护理工作中已发现问题，但未及时处理及汇报导致的不良后果加重等事件
□ 其他事件：非上列之异常事件</td>
</tr>
<tr><td colspan="2">8. 导致事件的可能原因：</td></tr>
<tr><td colspan="2">9. 当事科室对事件的处理情况（提供补救措施或改善建议）：

科主任或护士长签名：　　　　时间：　年　月　日　时</td></tr>
<tr><td colspan="2">10. 主管部门意见：

负责人签名：　　　　时间：　年　月　日　时</td></tr>
<tr><td colspan="2">11. 建议持续改进措施：

医教科长签名：　　　　时间：　年　月　日　时</td></tr>
</table>

第四节　特征导向型考核方法

一、图尺度考核量表法

图尺度考核量表法（Graphic Rating Scale，GRS），由帕特森（D. G. Paterson）于1922年首创。图尺度考核量表会列举一些工作绩效指标、与岗位相关的工作特征以及相应的等级（如表5-9所示）。考核者给员工的每个工作特征打分，然后将这些分值加总作为最终考核得分。这种方法的优点是：实用且开发成本小，不需要专门培训就可以根据需要设计出考核量表。其缺点是：①考核量表未给出明确的评分标准，因此评价结果会受考核者主观判断的影响。②不利于对员工进行绩效反馈，无法有效指导员工改进绩效。

表5-9　图尺度考核量表（示例）

员工姓名：	职位：	部门：	主管：
说明：请根据员工所从事工作的现有要求，仔细地对员工的工作绩效加以考核。请核查代表员工绩效等级的小方框。如果绩效等级不合适，请以“N”字样说明。请按照表中所标明的等级来核定员工的工作绩效分数，并将其填写在相应的方框内。最终的工作绩效结果通过所有的分数加总得出。			
考核等级说明 O：杰出（outstanding）。在所有方面的绩效都十分突出，并且明显比其他人的绩效优异得多。 V：很好（very good）。工作绩效的大多数方面明显超出职位要求，绩效是高质量的且在考核期内一贯如此。 G：好（good）。是一种称职的、可信赖的工作绩效水平，达到了工作绩效标准的要求。 I：需要改进（improvement needed）。在绩效的某一方面存在缺陷，需要改进。 U：不令人满意（unsatisfactory）。工作绩效总的来说无法让人接受，必须立即改进。绩效等级在这一水平上的员工不能增加工资。 N：不做考核（not rated）。在绩效等级表中无可利用的标准或因时间太短而无法得出结论。			

（续上表）

类别	考核尺度			分数	考核的事实依据或评语
工作质量 所完成工作的精确度、彻底性和可接受性	O	□	91～100 分		
	V	□	81～90 分		
	G	□	71～80 分		
	I	□	61～70 分		
	U	□	60 分及以下		
生产率 在某一特定时间段中生产产品的数量和效率	O	□	91～100 分		
	V	□	81～90 分		
	G	□	71～80 分		
	I	□	61～70 分		
	U	□	60 分及以下		
工作知识 实践经验和技术能力，以及在工作中所运用的信息	O	□	91～100 分		
	V	□	81～90 分		
	G	□	71～80 分		
	I	□	61～70 分		
	U	□	60 分及以下		
可信度 员工在完成任务和听从指挥方面的可信任程度	O	□	91～100 分		
	V	□	81～90 分		
	G	□	71～80 分		
	I	□	61～70 分		
	U	□	60 分及以下		
勤勉性 员工上下班的准时程度、遵守规定的工间休息、用餐时间的情况及总体出勤率	O	□	91～100 分		
	V	□	81～90 分		
	G	□	71～80 分		
	I	□	61～70 分		
	U	□	60 分及以下		
独立性 完成工作时不需要监督或只需要很少监督的程度	O	□	91～100 分		
	V	□	81～90 分		
	G	□	71～80 分		
	I	□	61～70 分		
	U	□	60 分及以下		

二、混合标准量表法

混合标准量表法（Mixed Standard Scale，MSS），是由美国学者伯兰兹（F. Blanz）和吉赛利（E. E. Ghiselli）于1972年在传统业绩评定量表法的基础上提出的。基本操作步骤如下：

（1）确定考核维度。根据组织需要，依据被考核者岗位性质等因素提取绩效考核维度，常见的六个维度有数量、质量、时间、成本、监督需要和人际关系，每个维度下还可开发子维度。

（2）维度的表达。为每个考核维度的好、中、差三个等级拟出一条规范描述句。

（3）设立各维度的权重。

（4）打乱规范描述句的次序，让被考核者逐一评价。若被考核者的实际工作表现与规范描述相符，则在此规范描述句后写上“=”号；若被考核者的表现优于规范描述，则在后面写上“+”号；若被考核者的表现不及规范描述，则在后面写上“-”号。然后，根据考核者所给出的符号，对被考核者的表现做出评判。

（5）对于每一个维度的三种描述，考核者都会给出三种答案。其中有些回答是不符合逻辑的。若在整个量表中某考核者的无效评分率达到一定程度（如大于30%），就应该舍弃该表。

（6）将有效判断分数进行汇总，每个维度的分数乘以权重，得出总分。如果参与考核的主体有多个，则应对每个考核者的有效评价分数进行平均，或者按照考核者的类型赋予不同权重，经加权平均后得到最后分数（示例见表5-10）。

混合标准量表法的优点是：①考核者操作简易。考核者只需将被考核者的实际工作表现与量表中的行为指标描述对照，做出基本匹配的判断即可。②可减少考核者的主观性偏差。量表中的描述句是随机排列的，考核者在短时间内不易察觉各描述句是考核哪个指标或代表哪个等级，可以逐渐挖掘出考核者对被考核者的真实评价。

混合标准量表法的缺点是：①绩效衡量标准化不足，不同考核者可能对“高、中、低”三种绩效水平的描述有不同理解，导致绩效考核的稳定性下降。②有限几个维度的描述不足以准确刻画被考核者的真实行为。

表 5－10　混合标准量表（示例）

<table>
<tr><td colspan="2">三种被评估的特质</td><td colspan="4">主动性（主动）、智力水平（智力）、与他人关系（关系）</td></tr>
<tr><td colspan="2">绩效等级说明</td><td colspan="4">高、中、低</td></tr>
<tr><td colspan="6">说明：请在每段陈述旁边指出该员工的表现超出（+）、等于（=）还是低于（－）陈述的情况。</td></tr>
<tr><td>主动</td><td>高</td><td colspan="3">1. 真正有主动精神，总是采取主动，不需要上级督促</td><td>+</td></tr>
<tr><td>智力</td><td>中</td><td colspan="3">2. 不是天才，但比大多数人聪明</td><td>=</td></tr>
<tr><td>关系</td><td>低</td><td colspan="3">3. 总卷入和他人不必要的冲突中</td><td>－</td></tr>
<tr><td>主动</td><td>中</td><td colspan="3">4. 大体上主动，偶尔需要上级督促</td><td>+</td></tr>
<tr><td>智力</td><td>低</td><td colspan="3">5. 理解某些事较慢，学习新东西花较长时间，智力中等</td><td>+</td></tr>
<tr><td>关系</td><td>高</td><td colspan="3">6. 与他人相处较好，即使在意见和他人相左时也能处理好和他人的关系</td><td>－</td></tr>
<tr><td>主动</td><td>低</td><td colspan="3">7. 只会等待别人的指示</td><td>+</td></tr>
<tr><td>智力</td><td>高</td><td colspan="3">8. 非常聪明，学习新东西很快</td><td>+</td></tr>
<tr><td>关系</td><td>中</td><td colspan="3">9. 与多数人能友好相处，偶尔和人发生矛盾，但这些矛盾都很小</td><td>=</td></tr>
<tr><td colspan="2" rowspan="9">评分标准</td><td colspan="3">描述</td><td rowspan="2">分数</td></tr>
<tr><td>高</td><td>中</td><td>低</td></tr>
<tr><td>+</td><td>+</td><td>+</td><td>7</td></tr>
<tr><td>=</td><td>+</td><td>+</td><td>6</td></tr>
<tr><td>－</td><td>+</td><td>+</td><td>5</td></tr>
<tr><td>－</td><td>=</td><td>+</td><td>4</td></tr>
<tr><td>－</td><td>－</td><td>+</td><td>3</td></tr>
<tr><td>－</td><td>－</td><td>=</td><td>2</td></tr>
<tr><td>－</td><td>－</td><td>－</td><td>1</td></tr>
<tr><td colspan="6">根据上述评价等级确定分数的过程举例</td></tr>
<tr><td colspan="2" rowspan="2"></td><td colspan="3">描述</td><td rowspan="2">分数</td></tr>
<tr><td>高</td><td>中</td><td>低</td></tr>
<tr><td colspan="2">主动</td><td>+</td><td>+</td><td>+</td><td>7</td></tr>
<tr><td colspan="2">智力</td><td>=</td><td>+</td><td>+</td><td>6</td></tr>
<tr><td colspan="2">关系</td><td>－</td><td>－</td><td>=</td><td>2</td></tr>
</table>

第五节　绩效考核误区及规避方法

一、相似性误差

相似性会产生吸引力。这种相似性可能体现在态度、偏好、个性以及包含种族和性别在内的人口统计学特征方面。人们往往喜欢那些与自己相似的人。在绩效考核中，如果考核者发现员工与自己有某些共同点，这个员工极有可能得到较高评价；而那些与考核者没有共同点的员工，则可能得到较低评价。规避方法是：以客观绩效标准为依据，二次考核作为监督。

二、首因效应

首因效应也称第一印象陷阱，指的是交往双方形成的第一印象对今后交往关系的影响，即先入为主带来的效果。考核者如果在一开始对某位员工做出了好或不好的判断，就会忽略随后那些并不支持考核者早期判断的信息。这种误差可能与相似性误差并存，因为第一印象往往建立在某种程度的相似性基础之上。为规避首因效应，华为公司的对策是：①确定重点岗位的关键职责和关键能力素质要求，根据能力要求客观评估候选人。②设计不同岗位的面试问题，建立专门题库。③对公司所有可能担当面试官的人员进行培训，考试通过方能上岗。经过专业培训的面试官，会对第一印象陷阱有所警惕。

三、晕轮效应

晕轮效应又称光环效应，是指在人际知觉中形成的以点概面或以偏概全的主观印象。在绩效考核中，晕轮效应表现在：主管对下属的某个绩效指标评价较高，会导致他对该人的其他绩效指标评价也较高；反之，如果主管对下属的某个绩效指标评价较低，则会导致他对该人的其他绩效指标评价也较低。例如，某员工上班经常迟到，这个明显的缺点掩盖了他很多优点（如开发了许多新客户等），导致考核者的评分偏低。规避方法是：以 KPI 或工作目标的达成情况作为评价标准；同时，建立严谨的工作记录制度，以工作日志和关键事件为依据进行考核。

四、前因误差/近因误差

当考核结果受到考核周期初期收集到的信息影响，就会出现前因误差。与前因误差相反，当考核结果受到考核周期后期收集到的信息影响，便会出现近因误差。因为离考核期越近发生的事件，主管会记得越清楚。例如，某员工可能一直表现平庸，但在临近考核期做了一件让主管非常满意的事情，这可能会掩盖其长期的碌碌无为，导致主管评分偏高。有些员工会故意在考核前几天或几周内表现积极，工作效率明显提升，这也可能使绩效考核得出不恰当的结论。建议主管采用关键事件记录法记录员工每月的成就与不足，这样可以对员工的优劣表现了然于心，从而有效避免前因误差和近因误差。

五、相比误差

由于某员工表现特别优秀，主管在考核团队成员时，会自然而然地将其他人与这位员工对比，导致其他成员的考核分数下降，这就是典型的相比误差。在该部门考核分数很低的员工，到其他部门可能是最好的员工。不能因为部门里有个突出员工，就抹杀其他员工的努力。规避方法是：采用目标管理法，通过考核员工是否达到目标来确定其绩效等级，而不是采用人比人的相对考核方法。

六、宽厚误差/苛严误差

宽厚误差是指考核者对员工的评价高于其实际表现。考核结果的偏差会导致绩效出色的员工对结果产生强烈不满，影响他们的工作积极性；而对于绩效较差的员工来说，他们也无法通过考核结果了解自己的不足，使绩效管理目的无法实现。宽厚误差出现的原因有：①激励员工。考核优秀会促进员工“快马加鞭”，来年取得更好的成绩。②表现自我。如果部门里的员工考核都很优秀，表明考核者管理得好。③绩效奖金。如果考核与薪资挂钩，高评分可能是为了让部门员工多分点奖金。相反，如果考核者采用比企业准则更苛刻的标准来评价员工，就会产生苛严误差。为了避免以上误差，主管可以考虑采用强制分布法。

七、趋中效应

趋中效应是指考核者对被考核者做出过于集中的评价。当趋中效应发生时，所有员工均获得平均或接近平均的考核得分，不能辨别谁是最佳或最差的员工，进而不能为企业的晋升/奖金等激励决策提供依据。导致趋中效应的原因有：①主管平时没有注意收集和记录员工的绩效数据，导致期末考核时缺乏事实依据。②主管不想得罪员工。采用强制分布法可以避免这种误差。

八、刻板印象误差

刻板印象误差是指考核者基于员工所属群体的总体特征来评定员工绩效所产生的偏差。社会上有一些刻板印象，例如，认为男生的数学能力天生比女生强。当一位女性从事与刻板印象不相符的某类工作（如科学、技术、工程、数学类），但是她并没有表现出刻板印象所固化的行为模式时，这类误区就有可能导致绩效考核偏见。规避方法是：对考核者进行培训；以客观绩效标准作为考核依据。

第六章

基于关键绩效指标的绩效考核

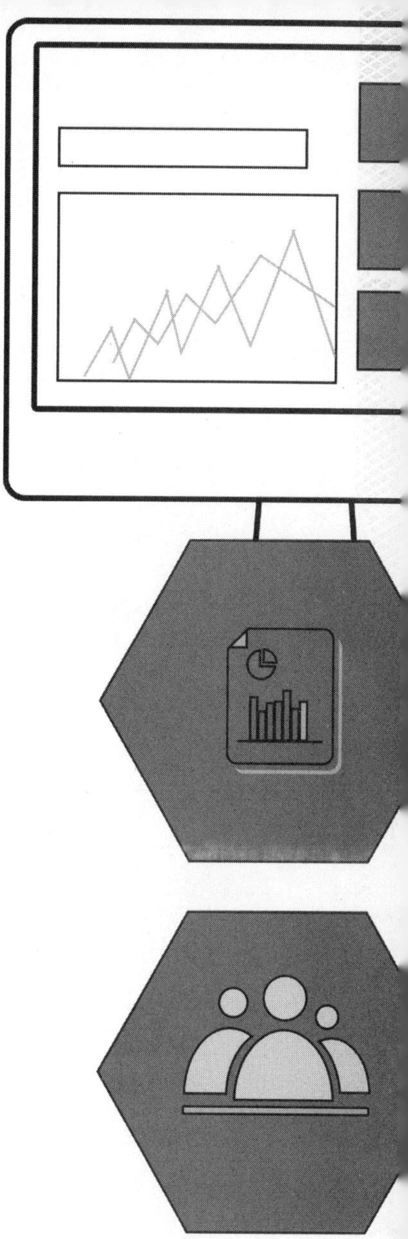

关键绩效指标考核是一种系统性的绩效考核方法。它按“企业战略—部门目标—员工绩效目标”逐级进行系统设计，贯穿了绩效计划、绩效辅导、绩效考核与考核结果应用整个流程。本章将围绕关键绩效指标的思想来源、提取方法及适用条件等问题展开。

以个人绩效合约为代表的结果导向型考核方法是一种系统性的绩效考核方法。它是在目标管理法的基础上，将组织目标自上而下地层层分解，经协商一致后，管理者与员工共同签署个人绩效合约。考核期满，管理者根据合约规定对员工进行绩效考核。考虑到个人绩效合约主要承载的数量型指标是与岗位职责相关的关键绩效指标，故将此内容合并放在本章详细阐述。

- ⊙ 关键绩效指标概述
- ⊙ 关键绩效指标体系的构建
- ⊙ 关键绩效指标考核的优缺点

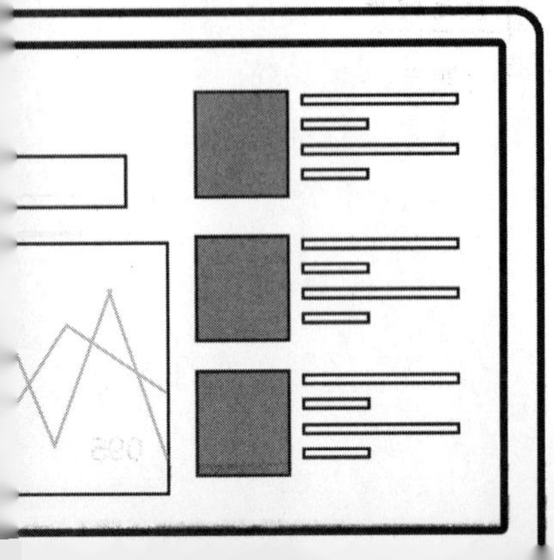

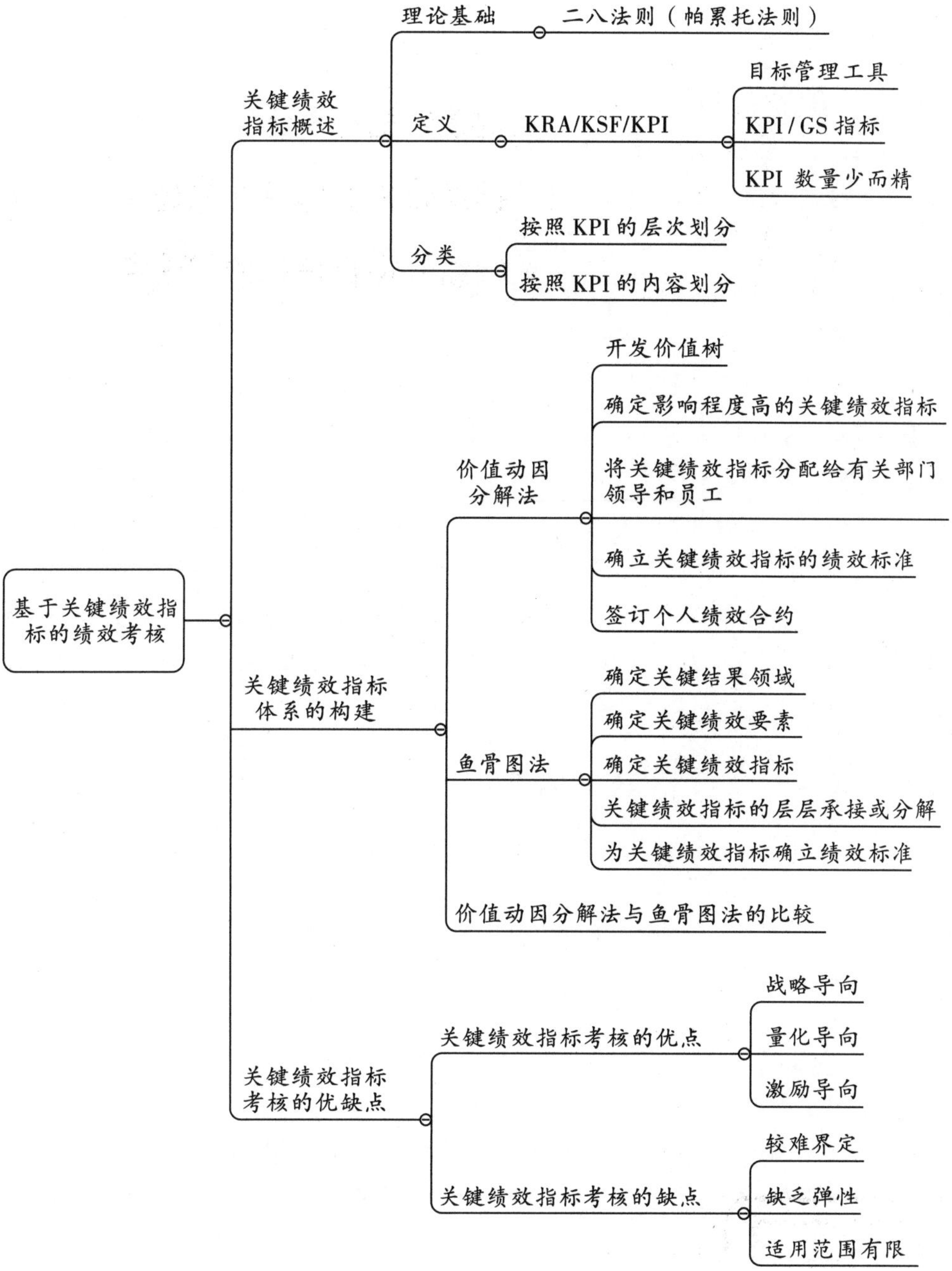
基于关键绩效指标的绩效考核
关键绩效指标概述
理论基础
二八法则（帕累托法则）
定义
KRA/KSF/KPI
目标管理工具
KPI/GS 指标
KPI 数量少而精
分类
按照 KPI 的层次划分
按照 KPI 的内容划分
关键绩效指标体系的构建
价值动因分解法
开发价值树
确定影响程度高的关键绩效指标
将关键绩效指标分配给有关部门领导和员工
确立关键绩效指标的绩效标准
签订个人绩效合约
鱼骨图法
确定关键结果领域
确定关键绩效要素
确定关键绩效指标
关键绩效指标的层层承接或分解
为关键绩效指标确立绩效标准
价值动因分解法与鱼骨图法的比较
关键绩效指标考核的优缺点
关键绩效指标考核的优点
战略导向
量化导向
激励导向
关键绩效指标考核的缺点
较难界定
缺乏弹性
适用范围有限

第一节　关键绩效指标概述

一、理论基础

关键绩效指标（Key Performance Indicator，KPI）的思想可以追溯到帕累托法则。意大利经济学家帕累托（Vilfredo Pareto）在研究中发现了一个有趣的现象：20%的人占有80%的资源，创造和控制着社会80%的财富。这一发现后来被哈佛大学教授乔治·吉普夫（George K. Zipf）、美国工程师朱伦（Josef Moses）称为“二八法则”。20世纪60年代以后，二八法则在社会、经济、政治等更广泛的领域里被发现和应用。例如，企业80%的利润来自20%的重要项目或客户；在价值创造过程中，80%的工作任务是由20%的关键行为完成的。二八法则给我们的启示是：人的时间和精力都非常有限，想真正“做好每一件事情”几乎是不可能的。因此，要学会抓主要矛盾，学会合理分配自己的时间和精力——把80%的资源花在能出关键效益的20%上面，然后这20%的部分又会带动其余80%的部分发展（见图6－1）。同理，在绩效管理中，企业和员工的主要精力应该放在关键成果和关键流程环节上，这也是关键绩效指标考核方法的由来。

图6－1　二八法则

二、定义

关键绩效指标是一种目标式量化管理指标。其核心思想是：只要抓住组织的关键成果领域（Key Result Area，KRA）、洞悉关键成功要素（Key Successful Factors，KSF）、有效管理关键绩效指标，就能以点带面地实现组织的战略目标，打造持续的竞争优势。其中，关键成果领域是对战略目标实现有至关重要影响和直接贡献的领域，是企业关键成功要素的聚集地；关键成功要素是对关键成果领域的细化和定性描述，是制定关键绩效指标的依据。KPI的内涵特征有：

第一，KPI 是以战略为导向的目标管理工具。KPI 的提取也经历了“企业战略—部门目标—员工绩效目标”的逐层分解，并通过 KPI 及其目标值让员工实现自我管理。如果组织的战略目标发生变化或调整，部门/员工的 KPI 必须进行相应改变或调整。

第二，KPI 是能影响组织价值创造的关键驱动因素，寻找关键成果领域是 KPI 与 GS 指标设计的不同之处。GS 指标主要用来测量部门/岗位不易量化的工作职责，是 KPI 考核体系的重要补充。通常，组织层面的绩效指标基本都是 KPI，而部门/员工层面的绩效指标则是由 KPI 与 GS 指标共同构成。不过，不同性质的部门承担这两类指标的比重不同，例如，像行政管理部、财务部等支持性部门的绩效指标更多来自部门职责，而非对组织绩效指标的承接与分解，因此这类支持性部门承担的 GS 指标较多，而 KPI 较少。

第三，KPI 数量不宜过多，要求少而精。KPI 过多容易让管理者迷失考核重点，也不利于被考核者的工作聚焦。一般来说，每个层级的 KPI 数量在 5 个左右比较适宜。

三、分类

按照 KPI 的层次划分，可以分为组织 KPI、部门 KPI 和员工 KPI。组织 KPI 来自对组织战略的萃取；部门 KPI 来自对组织 KPI 的承接与分解；员工 KPI 则来自对部门 KPI 的承接与分解。这三个层次的 KPI 共同构成整个企业的 KPI 体系。

按照 KPI 的内容划分，可以分为财务类 KPI、运营类 KPI、客户类 KPI 和管理类 KPI。财务类 KPI 关注企业创造的经济价值，例如净资产回报率、总资产周转率；运营类 KPI 关注企业运营流程的绩效，例如计划关键节点完成率；客户类 KPI 关注消费者对企业提供产品/服务的态度，例如客户忠诚度；管理类 KPI 关注企业日常管理的效率和效果，例如员工满意度。

第二节　关键绩效指标体系的构建

一、价值动因分解法

价值动因分解法是通过找准经营重点、借助价值树分析、辨识价值链条各业务环节的价值创造点，自上而下地将企业战略目标分解成各层级 KPI 的方法。这种方法起源于杜邦模型，其显著特点是：从“投资回报率”这个最具综合性和代表性的企业绩效指标出发，层层分解至企业各生产要素的收益、成本、费用的构成，理清这些指标之间对应的逻辑关系，从而达到对企业财务状况和经营成果进行评估的目的。在杜邦模型的基础上，价值动因分解法需要在以上指标构成的价值树中识别出 KPI，并将它们分配给相应的部门与员工。具体来说，采用价值动因分解法提取 KPI 的步骤如下：

第一步，开发价值树。图 6－2 是某企业开发的价值树示例。以“投资回报率”作为一级指标，通过指标的不断细分逐步开发出二级、三级、四级指标，然后在价值树模型中将这些指标一一列出，以明确企业目标与价值创造模式之间的逻辑联系。

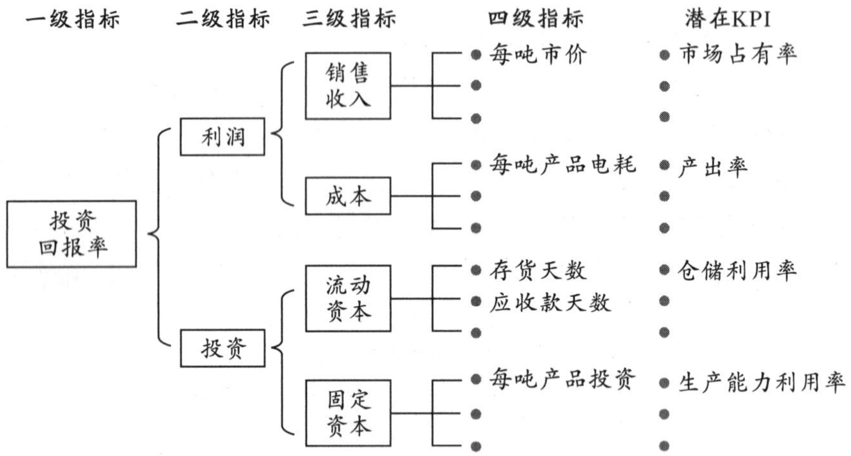

图 6－2　价值树（示例）

第二步，确定影响程度高的 KPI。在潜在 KPI 中筛选出优先管理的价值动因，选择标准是对“投资回报率”敏感性高的指标。这需要利用企业财务方面的历史数据，测算潜在 KPI（见图 6－2）与“投资回报率”之间的相关系数，并按大小顺序对各指标的相关系数排序，选择对“投资回报率”影响程度高的指标作为 KPI。假如示例企业将排序前五的指标作为重点考虑的 KPI，那么“生产能力利用率”“每吨市价”“产出率”“每吨产品电耗”“每吨产品投资”就构成了 KPI 体系（见图 6－3）。

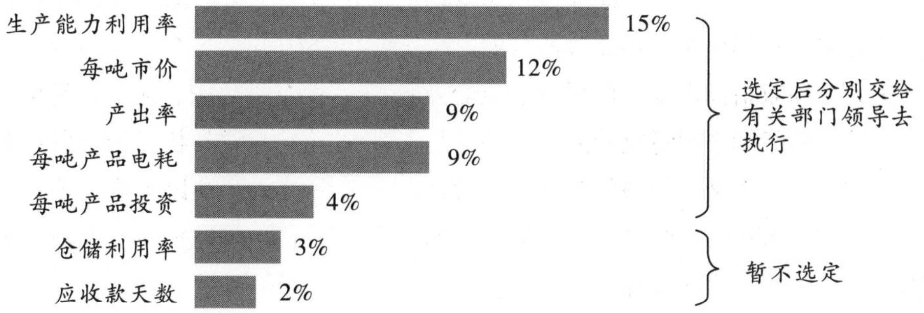

图6－3　挑选 KPI

第三步，将 KPI 分配给有关部门领导和员工。“投资回报率”是组织层面的 KPI，通常由总经理负责；“每吨市价”分配给销售副总裁；“产出率”“每吨产品电耗”“生产能力利用率”由生产副总裁下属的各工厂厂长负责。组织层面的 KPI 落实到分管领导和部门之后，可依次进行不同岗位员工 KPI 的承接与分解。

第四步，确立 KPI 的绩效标准。为 KPI 制定绩效等级的评价标准。为了确保考核期末 KPI 的完成，有必要分阶段设置 KPI 的目标值。

第五步，签订个人绩效合约。管理者与员工就考核指标、绩效标准、指标权重以及考核方法等相关事项达成共识之后，签订个人绩效合约，并以此作为期末考核的依据（见表6－1）。

表6－1　员工绩效合约表（示例）

姓名：			部门：			岗位：	
直接上级：			日期：　年　月　日				
第一部分：岗位 KPI（总权重：　%）							
序号	指标名称	权重	目标	评价标准	实绩	得分	数据来源
1							
2							
3							
4							
5							
$S_1 = \sum$ 得分 × 总权重							

（续上表）

<table>
<tr><td colspan="6">第二部分：重点工作（总权重：　　%）</td></tr>
<tr><td>序号</td><td>项目名称</td><td>权重</td><td>目标</td><td>实际完成情况</td><td>实际得分</td></tr>
<tr><td>1</td><td></td><td></td><td></td><td></td><td></td></tr>
<tr><td>2</td><td></td><td></td><td></td><td></td><td></td></tr>
<tr><td>3</td><td></td><td></td><td></td><td></td><td></td></tr>
<tr><td>4</td><td></td><td></td><td></td><td></td><td></td></tr>
<tr><td>5</td><td></td><td></td><td></td><td></td><td></td></tr>
<tr><td colspan="6">$S_2 = \sum$ 得分 × 总权重</td></tr>
<tr><td colspan="6">第三部分：日常工作完成情况（总权重：　　%）（根据岗位说明书所列项目）</td></tr>
<tr><td colspan="6">$S_3 = \sum$ 得分 × 总权重</td></tr>
<tr><td colspan="6">绩效评估 $= S_1 + S_2 + S_3 =$</td></tr>
<tr><td>优秀
95 分以上</td><td>良好
90～95 分</td><td>称职
80～89 分</td><td>需改进
60～79 分</td><td colspan="2">不符合岗位要求
60 分以下</td></tr>
<tr><td colspan="3">被考核者签字：　　　　日期：</td><td colspan="3">考核者签字：　　　　日期：</td></tr>
</table>

编制：　　　　　　　　核对：　　　　　　　　审批：

二、鱼骨图法

鱼骨图法由日本质量管理专家石川馨于 1950 年首创，又称石川图法。该方法先是找出核心问题，然后结合头脑风暴法，让大家集思广益地分析问题产生的关键因素，并按照逻辑顺序将关键因素和核心问题整理成主次分明、条理清晰的图形。由于绘制出来的图形很像鱼骨，故称为鱼骨图法。使用鱼骨图法构建 KPI 体系的操作步骤如下：

第一步，确定关键成果领域。要确定组织的关键成果领域，必须明确三个问题：①组织的成功依靠的是什么。②过去的成功因素能否使组织在未来持续获得成功。③组织追求的目标是什么，未来成功的关键因素是什么。假设某企业通过头脑风暴法，明确了有效驱动战略目标实现的关键成果领域分别是核心技术能力、利润与增长、客户服务、市场份额、人力资源、供应能力、流程和 IT，在图 6－4 所示的鱼骨图中，企业战略目标位于“鱼头”处，关键成果领域为“大骨”。

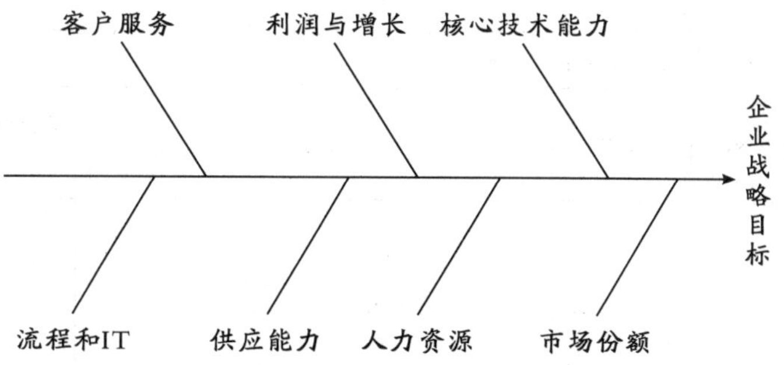

图6－4　某企业关键成果领域的确定（示例）

第二步，确定关键绩效要素。关键绩效要素是对关键成果领域的解析和细化。它主要解决四个问题：①每个关键成果领域包含的内容是什么。②怎样才能保证在该领域获得成功。③促使该领域成功的关键措施是什么。④该领域成功的标准是什么。基于以上问题的考虑，示例企业的关键绩效要素如图6－5中的“小骨”所示。

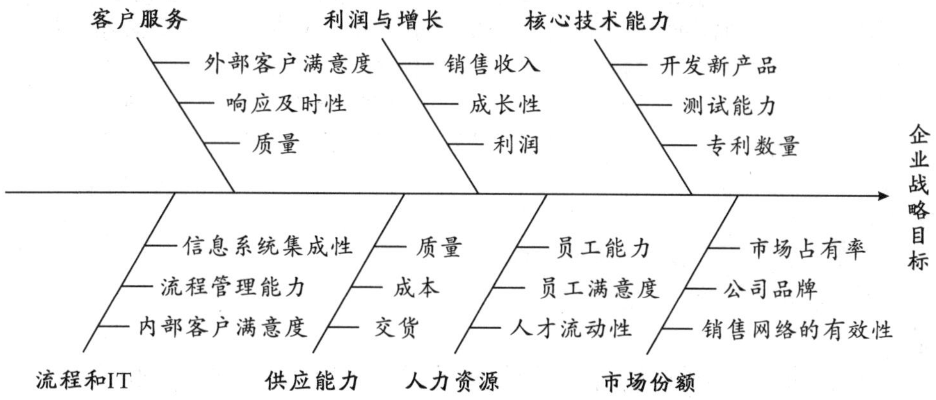

图6－5　某企业关键绩效要素的确定（示例）

第三步，确定关键绩效指标。进一步细化关键绩效要素，根据标准筛选之后确定关键绩效指标。除了遵循SMART原则之外，关键绩效指标还应同时满足：①指标的有效性。所选指标是否客观、集中地反映了关键绩效要素的要求。②指标的重要性。通过对组织各运营环节的分析，找出对其影响较大的指标。③指标的可实施性。指标必须有明确的定义和计算方法，容易取得可靠的初始数据。以“市场份额”这个关键绩效要素为例，示例企业筛选出来的关键绩效指标如图6－6所示。

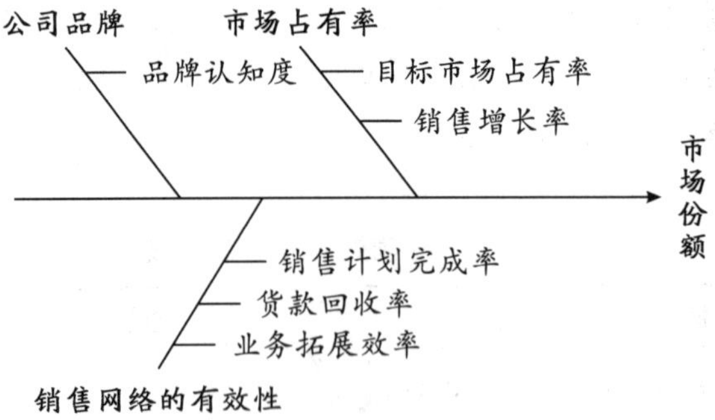

图6－6　某企业关键绩效指标的确定（示例）

第四步，关键绩效指标的层层承接或分解。获得组织层面的 KPI 之后，可以通过承接和分解两种形式落实到具体部门，形成部门 KPI。一般来说，只有难以被部门直接承接的 KPI 才需要进行下一步分解。分解方法有两种：一是按照组织结构分解，二是按照主要流程分解。例如，“次/废品降低率”可以由采购部门的“采购有效性”、生产部门的“生产技术问题处理的有效性”和品质保证部门的“不合格品再发生率”三个指标共同支撑。同理，可以从部门 KPI 获得员工个人的 KPI。

第五步，为关键绩效指标确立绩效标准。确定 KPI 体系后，需要给各 KPI 制定绩效标准，以便对这些指标的完成情况进行评级。

案例1　KPI 分解实例

某企业经过几年的快速发展期之后慢慢呈现颓势。于是，公司专门召开会议探讨如何有效解决这一问题。

（1）运用头脑风暴法收集相关信息（见表6－2）。

表6－2　信息收集结果汇总表

人员	影响企业效益的关键成果领域
张某	产品质量下降
王某	生产技术与同行业领先水平相比有较大差距
李某	售后服务水平差
赵某	人力资源管理存在诸多问题

（2）运用鱼骨图法，寻找主要影响因素。将收集到的信息归纳为以下四个关键成果领域：产品质量、生产技术、售后服务、人力资源管理。每个 KPI 都包含着诸多关键绩效要素，如表 6－3 所示。

表 6－3　关键绩效要素分解一览表

战略目标	关键成果领域	关键绩效要素
企业取得良好效益	产品质量	● 次品率偏高
	生产技术	● 设备更新不及时 ● 先进生产技术引进力度较弱
	售后服务	● 服务态度较差 ● 部分人员工作技能尚需提高
	人力资源管理	● 关键人才培养不及时 ● 各部门培训计划工作没有认真落实 ● 绩效考核工作重形式、轻成效

（3）画出鱼骨图，制订相应行动计划。在图 6－7 中，图的右边，即“鱼头”部分，为此次活动的目标——企业取得良好效益；图的左边，罗列了达到目标要采取的行动。

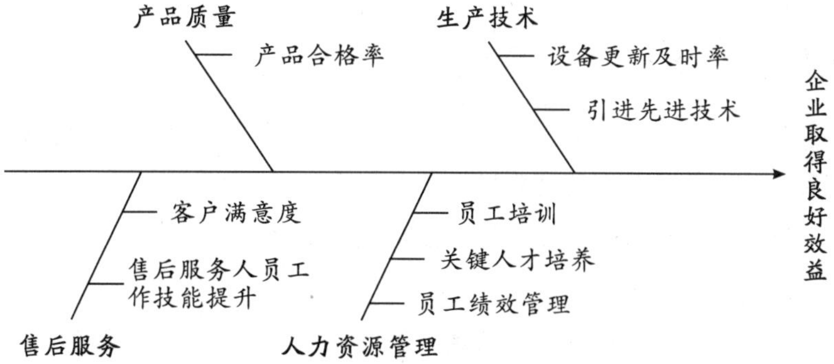

图 6－7　行动计划

（4）根据行动计划，找出 KPI，并制定绩效标准，如图 6－8 所示。

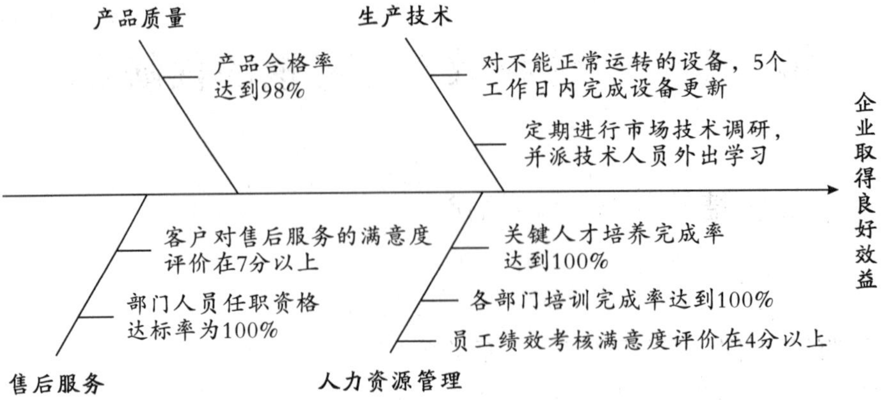

图6－8　KPI及绩效标准

资料来源：全优绩效. KPI关键绩效指标考核法详解.（2020－05－15）. https://zhuanlan.zhihu.com/p/141134138.

三、价值动因分解法与鱼骨图法的比较

价值动因分解法是从股东视角看待问题，将“投资回报率”逐级分解成其他指标的组合，便于细化解释“投资回报率”变动的原因。这种方法是通过企业财务的历史数据，将影响“投资回报率”较大的因素提取为KPI。鱼骨图法是从管理者视角出发，对现存问题的各个侧面进行研究并按逻辑排序；侧重培养从整体审视局部的眼光。鱼骨图法寻找KPI的主要途径是头脑风暴法，不过具体细化的子问题也可能通过统计数据进行验证。两者的差异如表6－4所示。

表6－4　价值动因分解法与鱼骨图法的比较

维度	价值动因分解法	鱼骨图法
设计角度	从股东角度出发	从管理者角度出发
侧重点	全面客观地展示企业的财务状况，抓住主要矛盾评价企业经营	对问题各侧面进行研究，然后进行逻辑排序
提取途径	以客观财务数据分析为主	以头脑风暴法为主
主要作用	是细化解释关键指标变动的原因	是分析问题主要原因的基础平台

第三节　关键绩效指标考核的优缺点

一、关键绩效指标考核的优点

第一，KPI 考核奉行二八原则，聚焦关键问题和关键指标，可以引导部门与员工合理配置时间、资源和精力，实现最高收益。

第二，KPI 考核讲求量化管理，会为 KPI 设定目标值作为考核标准，强调用数据来评价员工绩效，在一定程度上确保了绩效考核的客观性与公正性。

第三，KPI 考核激励性较强，其考核结果直接与员工的薪酬、职级和岗位变动等挂钩，为员工实施符合预期的行为提供了极大激励。

二、关键绩效指标考核的缺点

第一，KPI 较难界定。KPI 是对企业战略目标发挥关键性影响的量化指标，准确设计或提取 KPI 需要同时满足以下条件：①设计者具备较强的专业能力。②企业具备良好的管理基础。

第二，KPI 缺乏弹性。一旦在员工绩效合约中确定了 KPI，在短期内是不会做出变更的，这样会忽略临时性因素可能带来的影响，容易造成考核机械化。

第三，KPI 的适用范围有限。面临较大不确定性的企业或处于战略调整中的企业不适用 KPI 考核法（如小米手机的案例）；行政管理、会计等职能类部门也很难用 KPI 来考核。

案例2

小米手机：从“去 KPI”到重回 KPI

在创办小米初期，雷军一直在各种公开场合宣讲“去 KPI、去层级、去 Title”。例如，雷军在 2016 年的小米年会上说：“年初，我们定了一个 8 000 万台的销售预期，不知不觉我们把预期当成了任务。我们所有的工作，都不自觉地围绕这个任务来展开，每天都在想怎么完成。在这样的压力下，我们的动作变形了，每个人脸上都一点一点失去了笑容。”因此，“我们定下了 2016 年最重要的战略：开心就好。我们决定继续坚持‘去 KPI’的战略，放下包袱、解掉绳索，开开心心地做事。小米公司永远是小公司，但它是国内最高准入门槛的公司，小公司的灵活性和对市场反应的快速性是它最大的优势”。不过，在 2019 年之后，小米宣布要进行管理转型、划分管理阶层并开展 KPI 考核。从“去 KPI”到重回 KPI，小米的转变为何如此之大呢？这与组织发展阶段与绩效考核方法的匹配有关。

2010 年，雷军与另外七位联合创始人共同创立了小米。直到 2014 年，小米都处于创业期和快速发展早期。这个阶段的绩效管理被称为轻量级绩效，特点有三：一是强调个体价值；二是不强制量化；三是不为绩效而绩效。雷军曾公开表示：“小米内部确实是没有 KPI 的。但没有 KPI，不意味着我们公司没有目标。”为什么小米没有给这个时期的员工设置 KPI 呢？

原因 1：在小米创业初期，虽然有“硬件 + 软件 + 互联网”业务，但在这“铁人三项”中具体要做哪些产品，很大程度上需要让市场和客户来验证。即在组织快速变化阶段，很难将战略目标稳定并足以量化地分解到具体的 KPI 上。

原因 2：互联网产品并非简单地制造一台机器，其中牵扯太多要素（包括研发效率问题、运营能力问题、产品开发问题等）。在考核评价上没办法掌控，则没办法实现完全的量化考核。

原因 3：初创企业的典型特征是希望每位员工都能将潜能发挥到极致。小米成立后不久，14 人的团队迅速扩张到 400 人，几乎所有的主要员工都来自谷歌、微软、金山、摩托罗拉等公司。他们的平均年龄为 33 岁，都是比较职业化、对事业有很高自我驱动性的员工。针对这样的团队成员，也不需要太多的 KPI 考核。大家有共同的愿景和目标，可以相互支持、自动补位，保持高度协同，共同为结果负责。

相应地，当时小米的组织架构是极端扁平化的，七八个合伙人下面就是部门负责人，下一层级就是普通员工。扁平化架构有利于部门负责人在管理上一插到底。尽管没有设立“看起来很规范”的 KPI 考核方法，但是小米所有工程师开发的产品都是由用户来投票点评，为用户体验负责。例如，小米设置了“爆米花”奖和“猪头”奖。每个周五下午，根据用户评价得分进行排名，得分最高的工程师会得到一桶爆米花作为奖励。获奖者会把爆米花捧在手里，然后绕着办公室走一圈，这对于开发者来说是最高的荣誉。“猪头”奖是颁发给那些在本周影响了用户体验的倒霉蛋们，“猪头”其实是一个绿色的毛绒靠垫，一旦获得此“殊荣”，绿色的猪头会在获奖者的椅子上待上一周，起到警示作用。除了每周回顾外，小米会在年中和年末各开一次绩效回顾会，让团队中的每一位同事都看清企业现阶段的战略核心，以及自己所属团队在战略中的位置、工作节奏和工作结果。

小米的绩效激励是与薪酬直接挂钩的。当时小米没有实施打卡制度，因为基本上人人有股份（很多人在加入小米时都有创业意愿，能接受较少现金与较多期权的薪酬结构）。大家不认为自己是在为老板打工，而是在为自己博一个未来。

2015—2016 年，小米进入快速发展中后期。虽然 4G 手机尚处于快速发展期，小米手机销售量的增长势头却受挫，甚至在 2016 年大幅下滑（见图 6－9）。小米手机已失去行业领导地位。这既与小米商业模式的创新红利消失殆尽有关，也与内部管理混乱有密切关系。此时，小米员工规模过万，人员结构越来越复杂，产品线也越来越丰富，原先极端扁平化的组织架构暴露出越来越多问题。

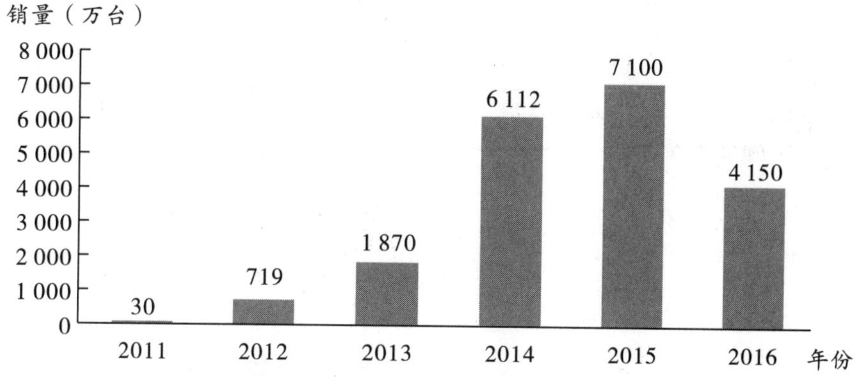

图 6－9　小米手机 2011—2016 年销量

2018 年 9 月 13 日，雷军发布内部邮件，宣布小米集团最新组织架构调整与人事任命，从之前的“总裁—部门—员工”三层模式转变为成立组织部、参谋部等管理部门，完善企划和组织管理；加高组织层级，加粗职权链，深化纵向协同，实施 KPI 绩效考核，以成果标准化来有效引导规范员工行为，进一步精细化价值评价，打造高效价值创造闭环。

2019 年 2 月 18 日，经雷军批准，在小米总裁林斌领导的手机事业部下面，新成立了参谋部、显示触控部等二级部门，手机事业部旗下核心器件部并入硬件研发部，同时成立独立的音频核心器件团队。据《财经》杂志报道，此次变革之后的小米已经推动层级化落地。小米内部头衔从低到高大体分为：专员—经理—总监—副总裁及以上，层级从 13 级至 22 级共设 10 级。专员为 13 级，经理为 16～17 级，总监为 19～20 级，副总裁为 21 级，总裁为 22 级。与组织架构调整相应的，小米集团回归 KPI 考核。这也反映出，在手机市场竞争激烈的态势下，小米手机的压力与危机感愈发沉重。

曾经号称“去 KPI”时，小米仅是一家创业互联网企业。2019 年，小米集团股价 12.88 港元，总市值 3 214 亿港元，全职员工 2.6 万人。在如此大的规模与体量之下，难以再通过简单的“去 KPI”进行高效管理了。

从小米手机的案例可以总结以下几点：

第一，企业人力资源管理的变革是紧紧围绕战略来实施的。如果企业战略发生变化，组织架构和绩效管理政策等都会做出相应调整和变化。小米手机从“去 KPI”到重回 KPI 都是围绕战略而定。

第二，企业行业特征和发展阶段会影响绩效管理制度的变革。KPI 从战略目标分解而来，各层级自上而下的传递机制与金字塔形的组织架构相匹配；但初创期的互联网企业要求以用户需求为侧重点，这难以通过 KPI 来进行考核。加上在实施 KPI 考核的压力下，企业往往关注每个员工绩效创造价值的多少，而忽略了绩效创造过程中员工与员工之间、企业与员工之间的互动和价值分享，难以量化出“真实贡献”。显然，KPI 在强调合作共生的互联网行业中的应用仍需要在磨合中前进。

资料来源：吴晓波. 绩效主义万岁. (2017－02－08). https://www.jiemian.com/article/1102012.html；韦一. 小米为什么重回 KPI. (2021－05－16). https://zhuanlan.zhihu.com/p/341471568.

第七章

基于平衡计分卡的绩效考核

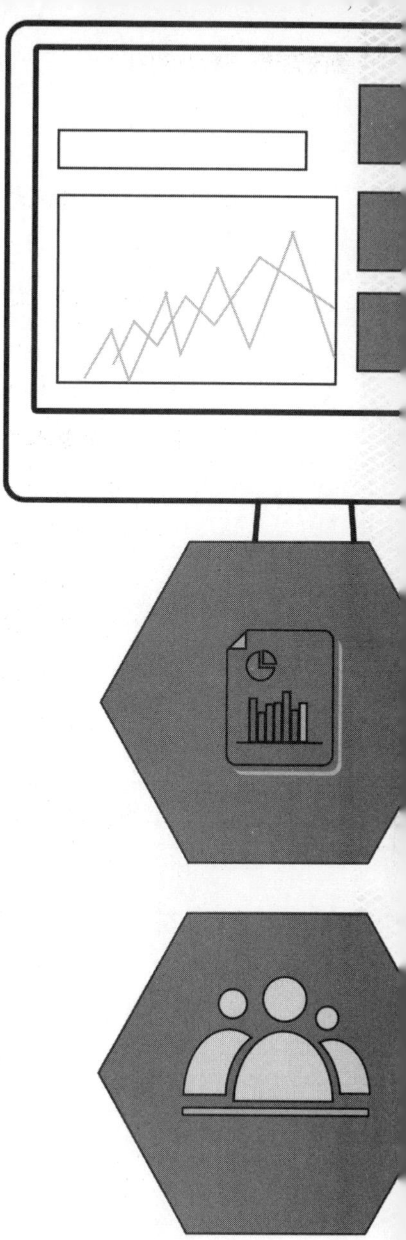

平衡计分卡的核心思想是通过财务、客户、内部运营、学习与成长四个维度指标之间的因果关系，展现企业的战略轨迹，实现从绩效考核到绩效改进、从战略实施到战略修正的终极目标。平衡计分卡的每项指标都是一系列因果关系中的一环，通过它们把企业目标和相关部门的目标联系在一起。

- 平衡计分卡的发展历程
- 平衡计分卡的基本内容
- 基于平衡计分卡的绩效指标开发
- 平衡计分卡考核的优缺点及其适用条件

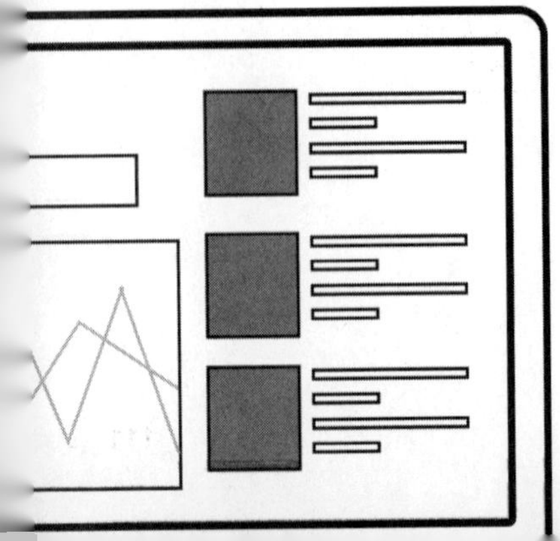

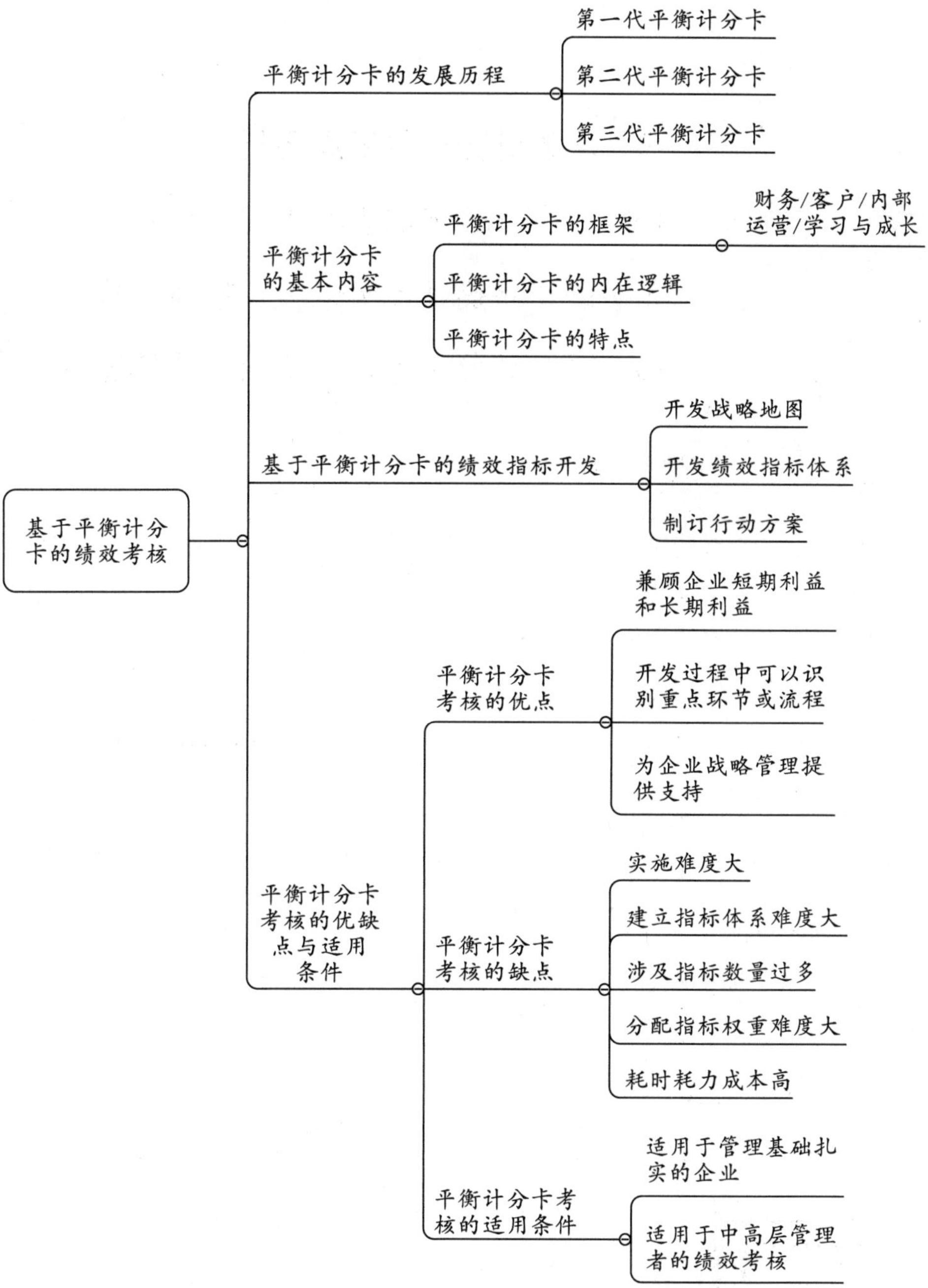
基于平衡计分卡的绩效考核
平衡计分卡的发展历程
第一代平衡计分卡
第二代平衡计分卡
第三代平衡计分卡
平衡计分卡的基本内容
平衡计分卡的框架
财务/客户/内部运营/学习与成长
平衡计分卡的内在逻辑
平衡计分卡的特点
基于平衡计分卡的绩效指标开发
开发战略地图
开发绩效指标体系
制订行动方案
平衡计分卡考核的优缺点与适用条件
平衡计分卡考核的优点
兼顾企业短期利益和长期利益
开发过程中可以识别重点环节或流程
为企业战略管理提供支持
平衡计分卡考核的缺点
实施难度大
建立指标体系难度大
涉及指标数量过多
分配指标权重难度大
耗时耗力成本高
平衡计分卡考核的适用条件
适用于管理基础扎实的企业
适用于中高层管理者的绩效考核

第一节 平衡计分卡的发展历程

平衡计分卡（Balanced Score Card，BSC）是哈佛大学教授罗伯特·卡普兰（Robert S. Kaplan）与诺顿研究院执行长戴维·诺顿（David Norton）于20世纪90年代提出的一种绩效考核方法，旨在超越以财务指标为主的传统绩效评价模式，使组织战略能够转变为行动。如今，平衡计分卡已从单纯的绩效考核方法发展成为公司战略管理工具，在战略规划与执行方面发挥了重要作用。在此过程中，平衡计分卡经历了三个阶段。

一、第一代平衡计分卡

1992年，卡普兰与诺顿在《哈佛商业评论》上发表了《绩效考核：平衡计分卡方法》一文。他们认为，传统的财务会计模式只能衡量过去发生的事项，无法评估企业前瞻性的投资，因此主张从财务、客户、内部运营、学习与成长四个维度来审视企业绩效，进而在每个维度下选择关键指标构建考核体系。通过这一系列指标的互动因果关系，把组织的战略目标转变为一套前后连贯的绩效考核体系。

第一代平衡计分卡是作为绩效考核的改进工具使用的，以弥补传统绩效指标体系设计的弊端。不过，这两位作者在文章中仅仅建议“设计考核指标要以企业战略和愿景为导向”，并为设计者列举了一些引导性的参考问题，但没有提供一套提取绩效指标的可操作性指导方法。

二、第二代平衡计分卡

在第一代平衡计分卡的基础上，第二代平衡计分卡提出了“战略地图”的核心概念，对平衡计分卡的考核功能进行了拓展。卡普兰和诺顿在1996年发表了两篇文章，通过战略联系模型（在2004年的文章中他们称为“战略地图”）来阐述战略目标之间的联系，帮助企业识别需要进行考核的行为和结果。

这两位作者写道：“在盛行的管理思想大师们的智慧中，很难找到有关全局框架的帮助。战略教义存在于下列领域：股东价值、客户管理、流程管理、质量、核心能力、创新、人力资源、信息技术、组织设计和学习组织。尽管上述领域都有深刻见解，但是没有一个领域能提出一个全面的集成观点来描述战略……如果无法全面地描述战略，管理者之间、管理者与员工之间就无法轻松地沟通。对战略无法达成共识，管理者就无法使战略协同一致。”当企业经营规模扩大、业务多元化程度提升时，战略协同会面临更多挑战。掌握一个简单、有效、直观的集团战略描述工具是当务之急。第二代平衡计分卡使用“战略地图”工具成功地解决了这个问题。

“战略地图”描述战略的三个必备文件简称“图、卡、表”，分别指的是战略地图、平衡计分卡、单项战略行动计划表。其中，战略地图用几张简洁的图将“集团战略—SBU 战略—职能战略”直观地展现出来，是描述集团战略的集成平台；平衡计分卡是对战略地图的深度解释，由战略目标与主题、核心考核指标、战略指标值（3～5 年）和单项战略行动构成；单项战略行动计划表则是对平衡计分卡中罗列出来的一个个单项战略行动的进一步演绎，将那些“务虚的战略”落实为可操作和具有明确时间节点、责任归属、资源安排的行动计划。

第二代平衡计分卡帮助企业解决了如何筛选和归类考核指标的问题，强调考核指标应该反映企业特有的战略意图，在直观的“图、卡、表”的展示下，抽象的部门职责、工作任务与承接关系等都显得层次分明、量化清晰、简单明了。

三、第三代平衡计分卡

第三代平衡计分卡已经上升为战略性绩效管理体系，作为战略执行的工具来使用。强调企业应建立基于平衡计分卡的战略管理体系，调动企业所有的人力、物力和财力等资源，协调一致地去实现战略目标。实际上，战略制定和战略执行是一个交互式的过程，在战略执行阶段，平衡计分卡把组织战略和一整套绩效指标（组织绩效—部门绩效—员工绩效）联系起来，避免了实施的行动计划与所制定的战略相背离的现象。借助平衡计分卡，管理层可以全面了解组织的运营情况，从而获知战略的执行成效，以便对战略进行检验或调整。由此可见，第三代平衡计分卡的实质是，将战略规划落实为具体的经营行为，并对战略执行进行实时控制的过程（见图 7－1）。

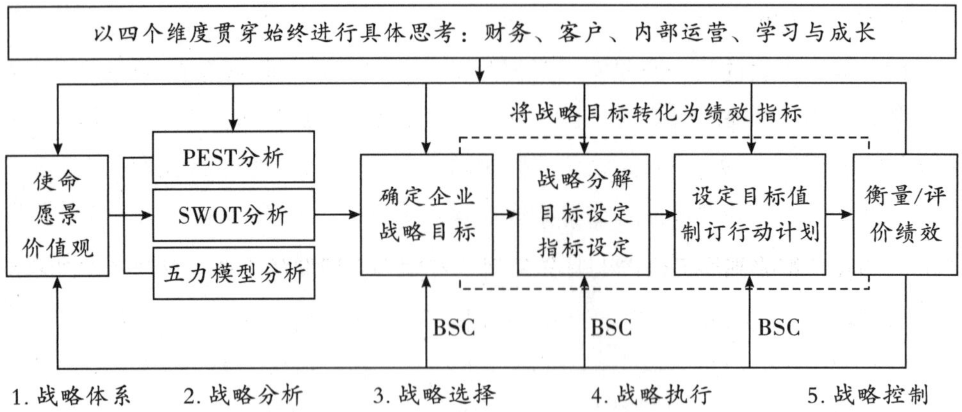

图 7－1　作为战略管理工具的平衡计分卡

第二节　平衡计分卡的基本内容

一、平衡计分卡的框架

平衡计分卡中的“平衡”，即“综合”“全方位”的意思，是指以企业战略为中心，从多个维度对工作绩效进行测量，使组织既能追踪财务效益，又能通过提高运营能力获得未来增长的潜力。平衡计分卡的框架如图 7－2 所示：

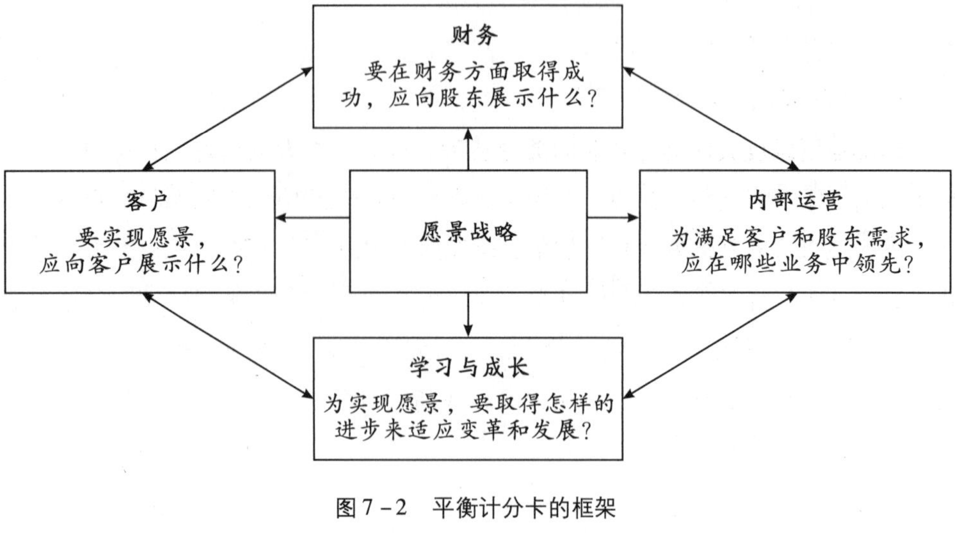

图 7－2　平衡计分卡的框架

1. 财务维度

财务维度考察的是公司股东的最终价值，可以划分为股东价值、资产利用率、收入增长、成本下降四个类别。相应地，财务类绩效指标包括：收入增长指标、生产率提高指标、资产利用率指标和投资战略指标（如投资回报率、经济增加值等）。

财务类绩效指标可以显示企业战略实施是否增进了最终的经营成果。但是，不是所有的长期策略都能很快产生财务盈利。不同生命周期的企业，财务类绩效指标会因市场环境和公司战略的差异存在不同重点：①初创期的企业要进行数额巨大的投资，其现金流可能是负数，投资回报率也很低，财务类绩效指标应侧重于销售增长率，尤其是特定客户群体/特定地区的销售增长率。②对于成长期的企业，通常用经营收入和毛利润来衡量获利能力，经济增加值（EVA）也是常用指标。③对于成熟期的企业，财务类绩效指标主要是现金回流最大化。除了企业所处的发展阶段外，还应关注不同业务单元的差别。例如，企业各业务单元可能处于不同的成长阶段，在这种情况下，财务类绩效指标的设计要围绕各业务单元的具体战略来定。

2. 客户维度

客户维度关注的是目标客户的价值需求。一般来说，客户价值主要来源于以下方面：①产品或服务，是指从价格、质量、时间、功能、选择的多样性等角度思考企业所提供的产品或服务能给客户带来哪些与竞争对手不一样的感受或体验。②关系，是指企业需要思考如何维护与客户的关系。③形象，是指企业需要思考如何塑造新产品的品牌形象，提升品牌知名度。客户维度的绩效指标有客户满意度、客户忠诚度、客户获利率和市场占有率等。

3. 内部运营维度

内部运营维度关注的是企业的关键流程。通常，企业的内部流程可以划分为以下三类：①研发与创新流程，是指企业内部需要革新哪些流程以适应新的目标。相关的绩效指标有新研发项目的数量、研发周期和研发成本等。②运营管理流程，是指企业的关键业务运作流程。相关的绩效指标有产品生产时间、交货时间、良品率/合格率、工程进度完成率、经营周转时间等。③客户管理流程，是指企业如何更好地满足客户需求的流程。相关的绩效指标有服务响应速度、解决问题的时间、售后服务一次成功率等。

4. 学习与成长维度

学习与成长维度关注的是员工能力的提升，是平衡计分卡财务、客户和内部运营维度取得出色成果的基础。主要的绩效指标有员工满意度、关键员工保留率和员工生产率等。

通常，员工满意度来源于三个方面：①员工核心能力的培养与技能训练。不同的企业对员工技能提升的需求是不一样的。对于只需要小幅度提升员工技能的企业，可以用“常规培训次数”作为考核指标；对于部分关键员工需要大幅度提升技能的企业，可以用“战略工作胜任率”作为考核指标；对于大部分员工都需要大幅度提升技能的企业，可以用“缩短员工技术再造周期”作为考核指标。②信息系统建设和服务能力。员工可以根据工作需要获得关于客户及内部业务流程、财务流程的相关信息。运行良好的信息系统是员工改进业务流程的必要条件，可以用“信息系统的反应时间”或“策略性资料库的可得性”等指标来考核信息系统的完善程度。③组织氛围的营造。包括企业文化、团队合作等。相关的考核指标有员工所提建议的数量、所采纳建议的数量、员工之间或部门之间的协作程度等。

二、平衡计分卡的内在逻辑

企业要在财务指标上有良好表现，就必须提供能创造客户价值的产品和服务。只有获得客户的认可，企业的财务目标才能实现。令客户满意的产品和服务是通过企业的运营流程来交付的，因此，运营流程的效率对客户满意度会产生重要影响。而企业运营流程的优化，必须依赖员工的学习与成长。因此，平衡计分卡的四个维度构成了一个以“学习与成长”为起点、“财务”为终点的循环系统。平衡计分卡特别强调描述策略背后的因果关系，借客户、内部运营、学习与成长等绩效指标的完成来实现最终的财务目标。

案例1　海底捞平衡计分卡的逻辑

作为火锅餐饮企业，海底捞的目标是成为行业领先企业。为了达成该目标，海底捞制定并实施了服务差异化战略。一般的餐饮企业只是满足顾客的基本需求，而海底捞是一切以顾客的需求为中心。

海底捞非常重视顾客满意度，而顾客满意度要通过员工的服务质量来保证。所以，海底捞在人力资源管理上花费了很大精力，具体包括：①确立“双手改变命运”的核心价值观。提倡“只要遵循勤奋、敬业、诚信的信条，我们的双手是可以改变一些东西的”。②制定薪酬激励政策留住关键管理人才。海底捞员工的工资水平基本高出同行10%左右；而且，从20世纪90年代起，海底捞就给大堂经理级别以上干部的父母每月200元补贴等。③为员工提供良好的晋升通道。除了财务总监和工程总监外，所有管理层都是从基层干起。这种内部晋升制度为优秀员工提供了合理预期，有效防止了人才外流。④尊重和关爱员工。海底捞为员工安排住宿，宿舍距离所工作餐厅步行20分钟以内，且全部为正式住宅小区，会配备空调和可上网的电脑；有专人负责保洁以及清洗衣服；如果员工是夫妻，则考虑给单独房间，等等。这些人性化的政策使海底捞的员工流动率保持在10%左右，远低于中国餐饮行业的平均流动率28.6%。⑤通过授权为员工赋能。海底捞给予了不同层级管理者相应的裁量权，基层服务员也得到授权，例如，“不论什么原因，只要员工认为有必要，就可以给客人免一个菜甚至免一餐”。⑥鼓励员工提供好建议。海底捞设置了“金点子排行榜”，由各部长、片区经理组成的创新委员会每个月会对员工们提出的创意服务建议做出评判，如果入榜就会推广到各个分店，建议被采纳的员工可以获得200~2 000元不等的奖励。

有人问海底捞创始人张勇：“如果要给员工、顾客、股东三者排一个优先顺序的话，你把谁视为第一位?”张勇的回答是：“我觉得还是要把创新做成这个企业的文化和人力资源体系的一部分。”而只有员工对现状满意，才会真心实意地执行好企业流程，并为企业流程优化贡献自己的创意。

海底捞在继承川渝餐饮文化的基础上不断创新，打造营养健康、安全卫生的菜品。除了注重生产流程和质量控制流程外，海底捞还提倡个性化的特色服务，将用心服务作为基本经营理念。海底捞专注每一个服务细节，形成从顾客进门到就餐结束离开的一套完整的服务体系。顾客就餐前等位时，可以享受免费的零食小吃和扑克、跳棋等娱乐方式，还有美甲、擦鞋等服务。这些免费服务让原本漫长枯燥的等位时间变得不再煎熬，轻松消解了顾客等位时的烦躁心理。顾客就餐时，每张餐桌至少配有一个服务员下菜、捞菜、剥虾皮、续饮料和递毛巾等。如果顾客在就餐期间向服务员提及生日或纪念日等信息，服务员会细心地准备一份意外的小礼物。这些细微周到的服务和时不时的惊喜，让顾客有种超乎预期的感动。当顾客在内心深处觉得欠了海底捞的感情债，就会变成回头客和忠诚顾客，甚至帮海底捞到处宣传，由此形成了庞大的潜在消费群。根据2017—2019年的国内行业评比数据，从收入、年客流量、增长率等指标来看，海底捞在主要的中式餐饮品牌中均排名第一；在全球中餐市场中，海底捞也占据领先地位。综上所述，海底捞经营模式的基本逻辑如图7－3所示：

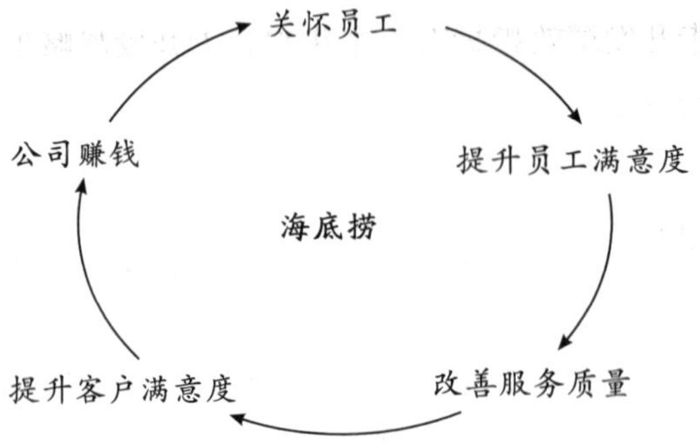

图7－3 海底捞的平衡计分卡逻辑

资料来源：陈祖鑫．这里有30张图，读懂海底捞人力资源管理．(2018－08－28)．https://zhuanlan.zhihu.com/p/43135313．

三、平衡计分卡的特点

财务目标和非财务目标的平衡。传统企业考核只注重财务目标的实现，往往忽略了非财务目标（客户、内部运营、学习与成长）的建设。在竞争日益激烈的时代，单纯关注财务目标可能会导致企业员工流失和核心竞争力下降。

长期目标和短期目标的平衡。平衡计分卡是基于企业战略设计的一套管理系统，从中长期的战略目标出发，逐步细化形成企业的年度目标和季度目标。将战略规划和年度/季度行动计划很好地结合起来，可以有效落实战略执行的问题。

结果性指标与驱动性指标的平衡。平衡计分卡既考虑了战略实施的结果性指标（如利润、市场占有率等），也关注促使战略实现的驱动性指标（如员工培训、新产品开发投入等），明晰了结果与动因之间的逻辑关系。

组织内部群体与外部群体的平衡。平衡计分卡考虑了各利益主体的利益，可有效实现外部（客户与股东）和内部（流程和员工）之间的平衡。

第三节　基于平衡计分卡的绩效指标开发

利用平衡计分卡开发绩效指标有三个步骤：①开发战略地图；②开发绩效指标体系；③制订行动方案。

一、开发战略地图

战略地图是平衡计分卡导入的起点。在企业战略的引导下，从财务、客户、内部运营、学习与成长四个层面定义企业目标，并通过这四个层面目标之间的因果关系来描述企业战略，这就是战略地图。战略地图绘制的操作步骤如下：

（1）宏观环境分析。通过资料数据收集，分析影响企业战略的政策、经济、社会、技术等外部环境因素，对企业面临的机遇与挑战做出判断。

（2）行业环境分析。分析企业所处行业的基本竞争态势，包括供应商的议价能力、购买者的议价能力、潜在进入者的威胁、替代品的威胁，以及现有竞争对手的竞争。尤其要明确需要赶超的行业标杆企业，并通过对标寻找差距。

（3）企业内部环境分析。分析企业自身在研发、采购、生产、市场营销、人力资源管理、质量管理等环节上做得怎样；结合与行业标杆企业的对比，明确本企业的优劣势。

（4）SWOT 分析。确定企业优劣势和外部机遇、挑战之后，梳理出各种可能的战略方案，并根据轻重缓急或影响程度对此进行排序，构建 SWOT 矩阵。例如，某企业经过 SWOT 分析，梳理出“降低成本费用”“提高产品供应及时性”“提高生产运营能力”“提高库存控制水平”“提高研发能力”“优化客户服务流程”“搭建薪酬跟业绩挂钩的人力资源体系”“营造客户导向的企业文化氛围”等可能的战略方案。接着，需要把适合企业未来 3～5 年发展的战略重点明确下来，为后面的战略地图研讨做好准备。

（5）绘制战略地图。将梳理出来的战略重点分配到平衡计分卡的四个层面，并用箭头标识出相互之间的逻辑关系（示例见图 7－4）。

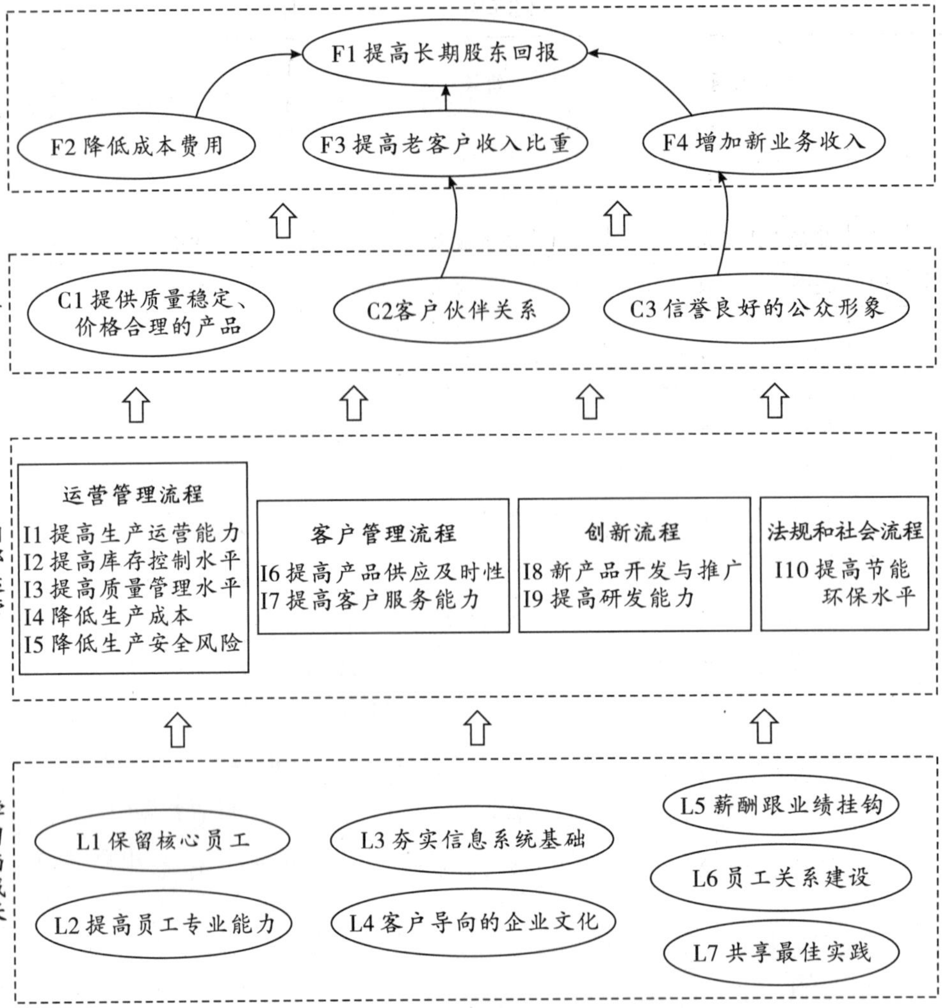

图 7－4　战略地图（示例）

资料来源：绘制战略地图案例详解．https://www.ixigua.com/6881211059080790531．

二、开发绩效指标体系

战略地图绘制完成之后，要根据财务、客户、内部运营、学习与成长四个层面的战略主题来设定绩效指标。在此过程中，要将企业的战略规划分解到各业务部门和职能部门，并确定各部门承接的绩效指标和目标值（示例见表 7－1）。

表7-1　某公司平衡计分卡（示例）

维度	战略主题		绩效指标		目标值	计量单位	权重	责任部门
财务	F1	提高长期股东回报	F1.1	利润金额		万元		财务部
			F1.2	投资回报率		%		财务部
	F2	降低成本费用	F2.1	降低成本		万元		财务部
	F3	提高老客户收入比重	F3.1	销售收入		万元		营销部
	F4	增加新业务收入	F4.1	重点客户销售收入		万元		营销部
			F4.2	重点客户新增个数		个		营销部
客户	C1	提供质量稳定、价格合理的产品	C1.1	客户满意度		%		计划部
	C2	客户伙伴关系	C2.1	客户保留率		%		营销部
	C3	信誉良好的公众形象	C3.1	企业美誉度		%		总经办
内部运营	I1	提高生产运营能力	I1.1	人均效能		千克/（小时·人）		各车间
			I1.2	×产品数量完成率		%		各车间
			I1.3	准时到货率		%		各车间
	I2	提高库存控制水平	I2.1	成品积压净增率		%		仓库
	I3	提高质量管理水平	I3.1	退货率		%		生产部
			I3.2	大货返工率		%		各车间
			I3.3	重大异常次数		次		各车间
	I4	降低生产成本	I4.1	费用率		元/千克		各车间
			I4.2	损耗率		%		各车间
	I5	降低生产安全风险	I5.1	安全生产		元		各车间
	I6	提高产品供应及时性	I6.1	客户投诉次数		次		营销部
	I7	提高客户服务能力	I7.1	客诉处理及时性		%		营销部
	I8	新产品开发与推广	I8.1	新产品主题被采纳的比率		%		研发部
			I8.2	新产品方案		—		研发部
	I9	提高研发能力	I9.1	新产品开发款数		款		研发部
			I9.2	新产品被公司采纳的比率		%		研发部
			I9.3	工艺产生重大异常的次数		次		研发部
	I10	提高节能环保水平	I10.1	环保达标率		%		环保部

（续上表）

维度	战略主题		绩效指标		目标值	计量单位	权重	责任部门
学习与成长	L1	保留核心员工	L1.1	关键员工保持率		%		人资部
	L2	提高员工专业能力	L2.1	员工任职资格达标率		%		人资部
			L2.2	员工人均培训时数		小时/人		人资部
	L3	夯实信息系统基础	L3.1	IT软硬件投入		元		人资部
	L4	客户导向的企业文化	L4.1	企业文化认识度		%		人资部
	L5	薪酬跟业绩挂钩	L5.1	员工对绩效管理的满意度		%		人资部
	L6	员工关系建设	L6.1	员工满意度		分		人资部
	L7	共享最佳实践	L7.1	团队经验分享次数		次		人资部

三、制订行动方案

“战略目标—绩效指标—行动方案”形成跟踪企业绩效的统一体。绩效指标以量化形式体现驱动要素的结果，行动方案突出推进要素实现的举措。行动方案的制订要把握企业经营的薄弱环节和紧迫工作。通过对关键环节的突破，达成战略目标或者提高绩效。行动方案必须设定进度和内容，并配备相应的预算。行动方案管理表示例见表7-2。

表7-2　行动方案管理表（示例）

行动方案名称			
行动方案责任人		行动方案起止时间	
行动方案概述			
所支撑的战略目标			
预期结果			
所需资源概要			
参与成员			
关键节点	起止日期	节点成果	
关键节点1			
关键节点2			
填写部门：	主管（签名）：	日期：	

行动方案是达成目标的关键举措，将战略目标最终落实到具体责任人，这就构成了责任人的考核依据。卡普兰和诺顿提出的平衡计分卡考核主要针对高层管理者。在实践中，平衡计分卡通常适用于企业中高层管理者，因为这些岗位人员的绩效对企业战略目标的达成至关重要。而且由于涉及指标过多，平衡计分卡考核也难以应用于基层员工。

第四节　平衡计分卡考核的优缺点与适用条件

一、平衡计分卡考核的优点

自平衡计分卡诞生以来，对企业进行全方位考核、关注企业长远发展的理念广受学术界和企业界重视，许多企业尝试引入平衡计分卡作为管理工具。如果具备条件和能力，企业推行平衡计分卡考核会带来一定成效。

第一，平衡计分卡强调“平衡”二字，在绩效考核时，企业会全面考虑财务与非财务因素，将短期利益与长期利益结合起来。

第二，在开发平衡计分卡的过程中，识别最需要改进的重点环节或流程，并对这些环节或流程投入资金和人才，可以提高资源配置的有效性。

第三，平衡计分卡通过企业战略的可视化，让各部门都能清晰地了解自己在整个战略目标实现中的作用，并通过行动方案管理表将战略转化为具体的员工行为，确保了战略落地。

二、平衡计分卡考核的缺点

第一，实施难度大。平衡计分卡的应用要求企业具备足够的战略管理能力。首先，企业应有清晰的战略，至少有明确的发展目标与盈利模式。其次，管理者应了解企业的发展战略与运营体系，并且拥有对指标的理解能力和提取能力。

第二，建立指标体系难度大。非财务指标的引入是平衡计分卡对传统考核体系的突破。然而，客户、内部运营、学习与成长三方面的指标数据较难收集，需要经过长期的探索与总结。考虑到绩效指标提取与每个企业制定的战略息息相关，盲目套用其他企业指标的做法行不通。

第三，涉及指标数量过多。卡普兰建议，平衡计分卡中的指标控制在20～25个比较合适。其中，财务类指标5个左右、客户类指标5个左右、内部运营类指标8～10个、学习与成长类指标5个左右。在指标数量多且相互之间因果关系难以验证的情况下选择指标有一定困难。

第四，分配指标权重难度大。使用平衡计分卡来评价企业绩效时，不但要在四个不同维度的指标之间分配权重，还要在同一维度的不同指标之间分配权重。由于权重分配并没有一个客观标准，这就不可避免地会带有浓厚的主观色彩。

第五，耗时耗力成本高。①“战略地图—平衡计分卡—行动方案”需要经历一个较长的过程。通常，平衡计分卡的开发需要3～6个月，然后还需要几个月的时间试行与调整，所以总的开发时间需要一年甚至更长时间。②平衡计分卡的指标多达20～25个，收集这么多指标的绩效数据也是一个不轻的负担。

三、平衡计分卡考核的适用条件

第一，适用于管理基础扎实的企业。①企业要有明确的组织战略。②企业高层管理者应具备分解和沟通战略的意愿和能力；中层管理者应具备指标创新的意愿和能力。③企业具有规范完善的管理体系，能够为相关指标提供客观的数据支持。在某些企业里，基本的数据反馈体系都不健全，即使开发出平衡计分卡的多个指标，最终实施时也会流于形式。因此，有效的IT系统和网络平台是实施平衡计分卡考核必不可少的基础性条件。

第二，适用于中高层管理者的绩效考核。平衡计分卡的考核指标较多，需要收集的绩效数据和相应的沟通反馈也多，并非每个层次的员工都适用平衡计分卡进行考核。在实践中，建议对企业中高层管理者实施平衡计分卡考核，而且最好采用季度和年度考核。

在表7－3的示例中，高层管理者考核采用的是平衡计分卡与述职报告相结合的方式；中层管理者考核采用的是KPI与述职报告相结合的方式；基层工作人员考核则采用KPI与行为指标相结合的方式。

表7－3　绩效考核制度（示例）

第一条　高层管理者考核内容

对高层管理者的考核实际上是对公司经营与管理状况进行全面系统的核查，因此采取平衡计分卡与述职报告相结合的形式。述职报告如下表所示。

高层管理者述职报告表

姓名		职务		考核时间	
本期主要工作回顾					
关键事件处理					
经验或不足					
调整或改进计划					
特殊说明					

对经营目标完成情况的考核，集中在基于策略重点落实而制定的财务、客户、内部运营和学习与成长类指标的完成情况。其考核内容如下表所示。

高层管理者绩效考核表

姓名		职务		考核时间	
指标类别	指标名称		目标值	权重	得分
财务类					
客户类					
内部运营类					
学习与成长类					
合计得分					
绩效评价					
考核者（签字）		被考核者（签字）		复核人（签字）	

（续上表）

第二条　中层管理者考核内容

部门目标的达成情况是对中层管理者的主要考核点，其主要考核形式是述职报告（形式同高层管理者述职报告）配合以KPI为核心的绩效考核（如下表所示）。

中层管理者绩效考核表

被考核者姓名		职位		部门	
考核者姓名		职位		部门	
序号	KPI	权重	绩效目标值	得分	
1					
2					
3					
4					
5					
6					
7					
8					
考核总得分					
绩效评价	考核者（签字）：				
绩效改进计划	被考核者（签字）：				
被考核者（签字）： 日期：		考核者（签字）： 日期：		复核人（签字）： 日期：	

（续上表）

第三条　基层工作人员考核内容

对基层工作人员主要是考核本职工作完成程度以及在工作完成过程中的行为表现。具体考核内容如下表所示。

基层工作人员绩效考核表

<table>
<tr><td>被考核者姓名</td><td></td><td>职位</td><td></td><td>部门</td><td></td></tr>
<tr><td>考核者姓名</td><td></td><td>职位</td><td></td><td>部门</td><td></td></tr>
<tr><td rowspan="2">指标类别</td><td rowspan="2">指标名称</td><td rowspan="2">权重</td><td colspan="3">达成情况</td></tr>
<tr><td>被考核者自述</td><td>考核者评价</td><td>得分</td></tr>
<tr><td rowspan="4">KPI</td><td></td><td></td><td></td><td></td><td></td></tr>
<tr><td></td><td></td><td></td><td></td><td></td></tr>
<tr><td></td><td></td><td></td><td></td><td></td></tr>
<tr><td></td><td></td><td></td><td></td><td></td></tr>
<tr><td rowspan="4">行为指标</td><td></td><td></td><td></td><td></td><td></td></tr>
<tr><td></td><td></td><td></td><td></td><td></td></tr>
<tr><td></td><td></td><td></td><td></td><td></td></tr>
<tr><td></td><td></td><td></td><td></td><td></td></tr>
<tr><td colspan="4">考核总得分</td><td colspan="2"></td></tr>
<tr><td colspan="2">项目</td><td colspan="2">自我评价</td><td colspan="2">考核者评价</td></tr>
<tr><td colspan="2">绩效评价</td><td colspan="2"></td><td colspan="2"></td></tr>
<tr><td colspan="2">绩效改进计划</td><td colspan="4"></td></tr>
<tr><td colspan="2">被考核者（签字）：
日期：</td><td colspan="2">考核者（签字）：
日期：</td><td colspan="2">复核人（签字）：
日期：</td></tr>
</table>

资料来源：孙季勤. 绩效管理必备制度与表格范例. 北京：中国友谊出版公司，2018.

案例 2　新奥集团个人平衡计分卡的实践

新奥集团创建于1989年，曾长期从事城市燃气的分销业务。随着中国经济发展方式的转变和市场竞争压力的增大，新奥在20年间主动寻求战略转型，完成了从城市燃气分销到多品类清洁能源的制造与分销的角色转换。让新奥引以为傲的是为客户提供清洁能源的整体解决方案。推动新奥迅速前进的动力之源是前瞻性的战略眼光和不断完善的管理体系。在众多的管理“兵法”中，个人平衡计分卡的实践对新奥员工素质与能力的提升功不可没。

一、变革起点：新奥转型与平衡计分卡引入

随着新奥产业的持续升级、经营规模和领域的不断扩大，员工人数快速增长；同时，随着企业产业链延伸，内部运营控制和管理日益重要，企业分工也日趋复杂，部分岗位与外部价值创造之间的逻辑关系日益紧密。在这样的背景下，新奥开始探索应用平衡计分卡。

一项调查表明，虽然高达2/3的美国公司采用了平衡计分卡，但只有20%的公司真正取得了实效。一是因为平衡计分卡仅停留于高层决策层面，不能层层传递到基层员工；二是涉及指标过多，导致重点不突出。针对以上两大障碍，新奥集团在组织层面的平衡计分卡下开创出个人平衡计分卡，提供了一条行之有效的解决之道。

个人平衡计分卡带来了几个积极变化：有效确保了组织平衡计分卡指标能够传递至员工；相对于组织平衡计分卡，个人平衡计分卡所涉及的指标数量大幅减少，重点更加突出；个人平衡计分卡同样涵盖财务、客户、内部运营、学习与成长四个维度，而不是像以前那样只关注财务或运营指标，从而更利于员工的全面发展和能力提升。

二、平衡计分卡：从组织到个人

新奥的个人平衡计分卡适用对象是各级组织部门主任及以上人员。对于这些关键岗位的员工，新奥认为其价值创造主要体现在“出思路”“解难题”“带队伍”三个维度。“出思路”主要指员工战略规划和资源配置能力；“解难题”主要指员工解决工作中重点问题与难点问题的能力；“带队伍”主要指团队能力提升、绩效考核和后备人才培养等能力（见表7-4）。

表7-4 新奥关键岗位员工的价值创造过程

人员分类	出思路（订计划）	解难题	带队伍
一把手	• 基于市场洞察，对企业发展和商业模式的持续思考 • 指导三一计划*和年度计划预算制订 • 重点任务沟通分解落实到主要下属 • 组织制订重大疑难问题的解决方案	• 重大行动方案的实施 • 与政府有关部门、合作伙伴的协调沟通 • 企业经营中疑难问题的解决 • 处理领导交办的关键事项	• 理清战略要求的能力、认清差距并制订提升方案 • 实施能力提升方案；核心岗位后备干部、接班人的储备 • 绩效激励机制的建设 • 传承企业文化、改善团队氛围 • 战略执行过程中定期的绩效沟通
班子成员	• 基于市场洞察，对相关业务发展或职能管理问题的持续思考 • 牵头制订有关业务或职能管理计划及做好资源配置 • 组织有关部门制订重大问题解决方案	• 依据工作职责、个人特点承担的重要工作 • 所分管业务或职能体系的建设优化 • 推动管理创新	• 战略执行过程中的绩效反馈面谈与辅导 • 专业系统能力标准建设及资格认证 • 落实专业系统关键岗位人才梯队建设
部门负责人	• 制订并分解落实本部门工作计划和做好资源配置 • 制订日常计划并分解落实	• 履行职责，解决工作中的重点难点问题 • 日常工作计划的执行 • 精细化管理的实施	• 战略执行过程中的绩效反馈面谈与辅导 • 关注培训和团队能力提升 • 人员储备满足业务开展需要

* 三一计划是指战略地图、平衡计分卡和主要行动方案管理表。

在明确了各类人员在价值创造过程中的不同作用之后，新奥进一步根据各类岗位特点，从价值贡献、客户、价值创造过程、学习与成长四个维度构建个人平衡计分卡，使个人行为与价值创造连接更为紧密，同时也有助于个人能力的全面协调发展。

首先，在个人平衡计分卡的设计过程中，新奥系统梳理了员工的需求，提炼并归纳出三个关键需求：一是有明确的事业发展方向，二是得到持续的能力提升，三是实现价值回报。新奥将这三个需求纳入个人平衡计分卡，并通过明确员工个人对组织的价值贡献、需要的资源支持和能力提升的途径，以及个人价值共享和职业发展的目标等，对这三个需求进行有效安排，实现“上下同欲”。

个人平衡计分卡和组织平衡计分卡的构成要素是相互关联的，如果个人的使命、愿景和核心价值与组织的使命、愿景和核心价值相一致，那么员工对工作的投入性就会增强。所以，员工个人平衡计分卡绘制的过程也是一个战略认同与沟通反馈的过程。

其次，个人平衡计分卡紧密围绕个人工作目标制定，主要通过四个维度的考核，有效保证个人年度工作目标的顺利实现。

最后，由于各维度的重要性不一样，为了凸显重点，新奥对个人平衡计分卡的四个维度指标做了区分：有些属于考核项，其考核结果与薪酬紧密挂钩；有些则属于考查项。考核项与考查项的区分，使个人平衡计分卡所涉及的指标数量大幅减少，较好地兼顾了指标平衡与重点突出的目标。

新奥的组织架构与岗位职责明晰，对不同层次的个人平衡计分卡也做了区分：①层级越高，考核指标越综合、宏观；层级越低，则考核指标越少、越具体。②把关键岗位员工分成两类：直接接触客户的人员和职能管理人员。直接接触客户的人员，其价值体现在为外部客户提供产品和服务；职能管理人员的价值体现在为最终客户提供支持和资源保障。新奥的考核指标贴近层级与岗位，操作起来也具有可行性。

在制定个人平衡计分卡时，新奥要求部门一把手必须参与沟通。沟通小组由上级领导、直接主管、市场与战略绩效管理部门、人力资源总监（或部门负责人）等构成，沟通内容涉及工作目标、年度重点工作、绩效达成情况及改进、团队建设与个人能力提升、次年绩效承诺等。在考评环节，为了避免考评误差，新奥实行两级考评制。除了由直接主管进行考评外，同等级别人员还必须由同一终评人（通常是间接主管）进行终评，若终评成绩与初评成绩偏差过大，双方则需再次沟通。

自2004年引入平衡计分卡以来，新奥取得了迅猛发展，只用短短6年时间，销售收入就增长了7.8倍，利润增长了5.8倍。在此过程中，新奥成功实现了持续的产业扩张与战略转型。

资料来源：叶坪鑫. 将市场与员工紧密联结：新奥的个人平衡记分卡实践. 管理学家，2012（6）.

第八章

绩效反馈

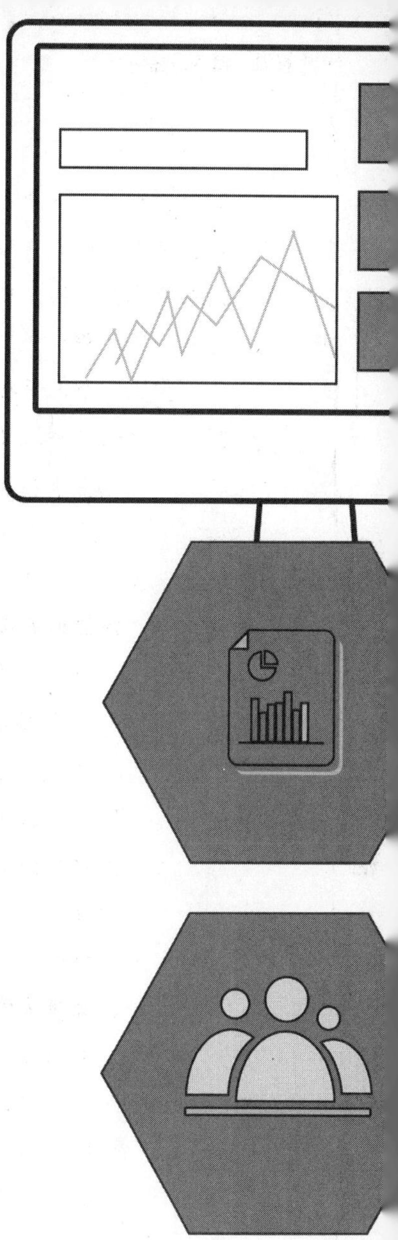

绩效反馈是绩效管理的末端环节，是考核者向被考核者反馈绩效考核结果，就被考核者在绩效考核周期内取得的成绩、存在的问题、下一阶段的工作目标、未来的绩效改进计划，与其进行双向交流的过程，是双方对当前绩效的总结和实现未来绩效的有效沟通。

- 绩效反馈概述
- 绩效反馈面谈
- 绩效申诉

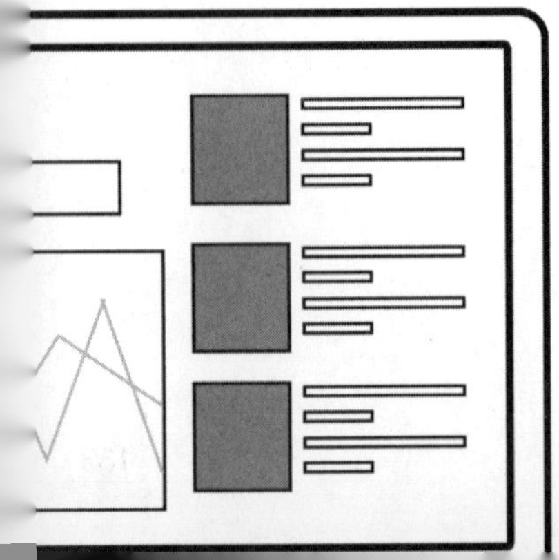

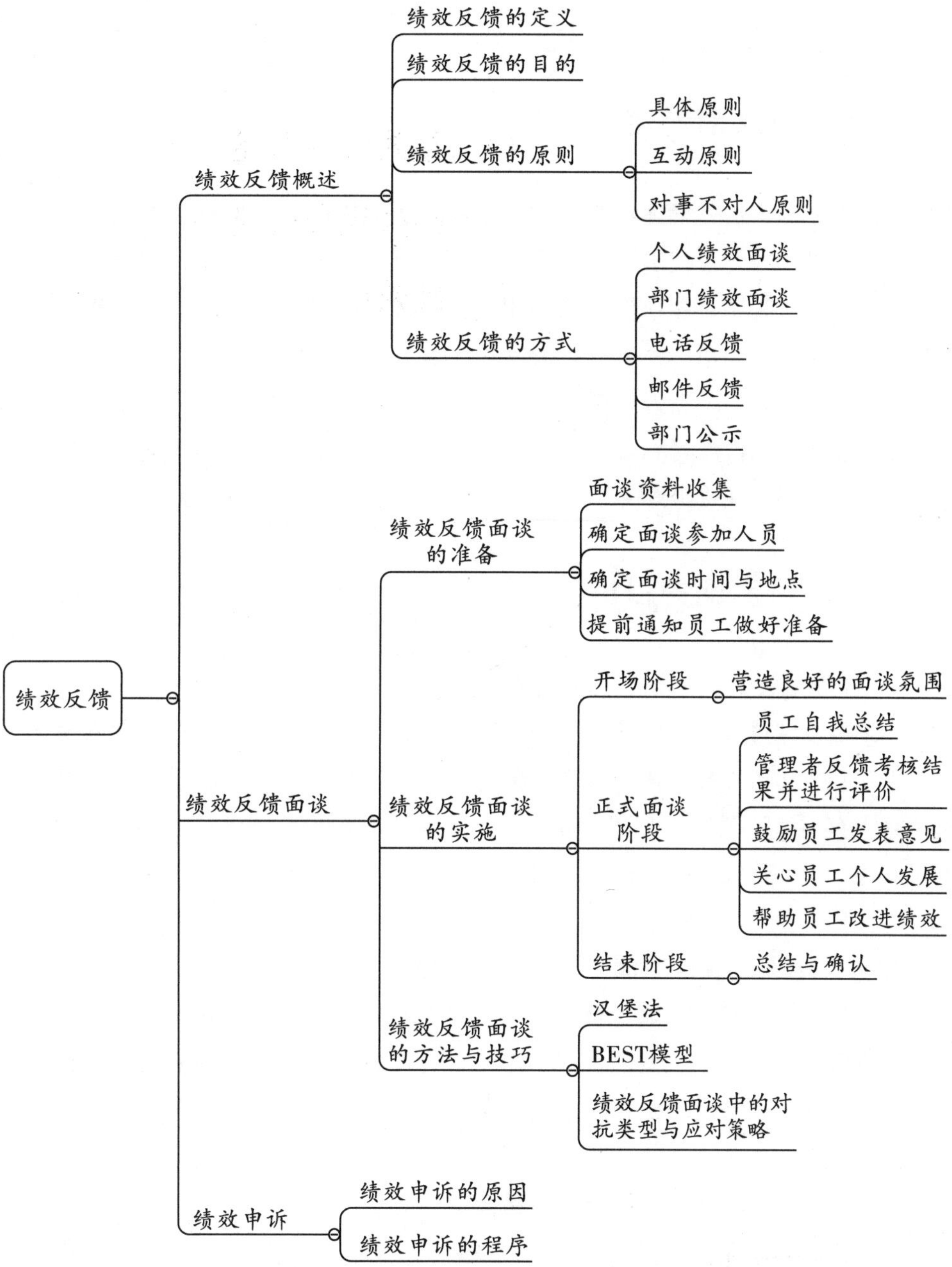
绩效反馈
绩效反馈概述
绩效反馈的定义
绩效反馈的目的
绩效反馈的原则
具体原则
互动原则
对事不对人原则
绩效反馈的方式
个人绩效面谈
部门绩效面谈
电话反馈
邮件反馈
部门公示
绩效反馈面谈
绩效反馈面谈的准备
面谈资料收集
确定面谈参加人员
确定面谈时间与地点
提前通知员工做好准备
绩效反馈面谈的实施
开场阶段
营造良好的面谈氛围
正式面谈阶段
员工自我总结
管理者反馈考核结果并进行评价
鼓励员工发表意见
关心员工个人发展
帮助员工改进绩效
结束阶段
总结与确认
绩效反馈面谈的方法与技巧
汉堡法
BEST模型
绩效反馈面谈中的对抗类型与应对策略
绩效申诉
绩效申诉的原因
绩效申诉的程序

第一节　绩效反馈概述

一、绩效反馈的定义

绩效考核结束后，管理者要对下属在考核周期内的绩效表现进行反馈。在肯定下属成绩的同时，要找出其工作中的不足并共同分析原因、制订改进计划。下属在绩效反馈过程中可能认同考核结果，也可能存有异议；如有异议，需要向管理层评审委员会提出申诉，最终对绩效考核结果达成共识。

不少组织没有给予绩效反馈环节足够的重视，仅仅把考核结果展示在公告栏上。实际上，如果没有得到及时、具体的反馈意见，员工就无法改进自己的工作行为，有的可能会失去继续努力的动力，这就达不到绩效管理的最终目的。

二、绩效反馈的目的

1. 提高绩效考核结果的可接受性

在绩效反馈过程中，管理者要告知下属考核结果，让他们真正了解自身的绩效水平；双方还可以就考核结果产生的原因进行深入探讨，下属也可以就绩效管理体系中存在的问题与管理者交流看法。这为管理者和下属建立了沟通桥梁，使考核对象拥有知情权和发言权，有利于双方在考核结果上达成共识。

2. 探讨绩效不佳的原因并制订改进计划

下属取得成绩时，管理者给予肯定、表扬可以起到正反馈作用；下属绩效不佳时，管理者也要让其认识到自己的不足，并商议改进方案，为其下个考核周期中的工作开展提供帮助和指导。

3. 为员工的职业生涯发展提供信息

管理者在绩效反馈阶段可以鼓励下属讨论个人发展，以便建立有助于员工发展与组织利益共赢的绩效目标。为了促成下属掌握职业发展所需的技能，管理者要与下属讨论可以在哪些方面提供帮助和支持，双方共同制订员工发展计划。

三、绩效反馈的原则

1. 具体原则

绩效反馈要具体、直接，不能泛泛而谈或仅做一般性评价。无论是赞扬还是批评，都应有具体、客观的事实或数据作为依据，才能使下属清楚地明白什么地方做得好、什么地方没做好。这样既有说服力，又能让员工真正明白企业的意图。

2. 互动原则

绩效反馈是双向沟通，不应该成为管理者的“一言堂”。管理者应当鼓励下属充分表达自己的观点，并对下属提出的合理化建议给予充分肯定。员工如果缺乏表达的机会，就会感到没有受到应有的尊重，无法理解管理者的指示，绩效反馈便无法起到效果。

3. 对事不对人原则

绩效反馈的主要内容是下属的工作绩效，而不是讨论员工的个性特点。在反馈员工的优缺点时，管理者可以谈论员工的某些个性特征，但应注意这些个性特征必须是与工作绩效有关的。此外，管理者在进行绩效反馈时也不应掺杂与工作无关的个人情感因素，更不宜将面谈对象与其他员工进行比较。

四、绩效反馈的方式

若要取得好的反馈结果，就必须选择合适的反馈方式。常见的绩效反馈方式有个人绩效反馈面谈、部门绩效反馈面谈、电话反馈、邮件反馈、部门公示等。每种反馈方式都有其特点和适用条件（见表8-1）。

表8-1　绩效反馈方式的比较

反馈方式	具体说明	沟通类型	适用条件
个人绩效反馈面谈	考核者与被考核者进行一对一的绩效反馈面谈	双向沟通	● 需提前预约，并选择合适的时间、地点

（续上表）

反馈方式	具体说明	沟通类型	适用条件
部门绩效反馈面谈	考核者与多位被考核者进行一对多的绩效反馈面谈，或由考核者邀请相关考核责任人对被考核者进行多对多的绩效反馈面谈	双向沟通	• 需提前预约，并选择合适的时间、地点
电话反馈	考核者与被考核者就考核结果进行电话沟通	双向沟通	• 双方对考核结果已基本达成共识 • 双方身处异地，时间又特别紧急
邮件反馈	考核者通过电子邮件向被考核者反馈考核结果并征求其意见	单向沟通	• 在正式面谈之前，通过邮件交流一些不方便当面沟通的内容，为绩效反馈面谈的顺利展开做铺垫 • 双方身处异地或工作时间有冲突等特殊情况
部门公示	考核者在部门内公示被考核者的考核结果并征求其意见	单向沟通	• 在绩效反馈面谈之后可以采用这种方式 • 激励效果明显，但风险也较大，对管理者的把控能力有较高要求

第二节 绩效反馈面谈

绩效反馈面谈是指由直接上级与考核对象进行面对面的沟通，是一种最直接、最有效的反馈方式。依据考核对象层次的不同，绩效反馈面谈的参加者也有所区别。一般而言，对于组织和部门层面的绩效反馈，参加者应为组织和部门的负责人及其上级主管领导；而对于个人层面的绩效反馈，参加者则是考核对象本人及其直接上级。

一、绩效反馈面谈的准备

1. 面谈资料收集

在进行绩效反馈面谈前，管理者必须准备好所需要的各种资料，包括员工的岗位说明书、绩效计划书、日常工作记录、关键事件记录表、绩效考核表等。在仔细阅读这些资料的基础上，确定面谈的重点，找出员工绩效不佳的原因并有针对性地提供指导。条件允许时，管理者还应收集员工的个人资料，内容包括员工的工作能力、工作意愿及性格特征，尤其是员工的自我评价，了解员工对自身的工作期望，以便在面谈时提出适合员工的个人发展计划，加强绩效反馈的效果。

2. 确定面谈参加人员

如果是部门或团队的绩效反馈面谈，则部门或团队的所有成员应该全部到场；如果是一对一的个人绩效反馈面谈，则要确定面谈对象，并提前通知其做好面谈准备。一般来说，面谈是由直接上级与直接下级单独进行。如果管理者感觉沟通难度较大，也可以邀请有威望的上一级领导或经验丰富的人力资源主管一起参加，以便面谈顺利进行。

3. 确定面谈时间与地点

面谈时间与地点的选择非常重要，关系到绩效反馈的有效性。进行面谈前，管理者可以先提出几个可选时间，征求下属意见，双方约定一个对彼此都合适的时间。应尽量避免在上下班前、下午茶或者周五下班前安排面谈，这些时间点都比较紧促，反馈效果难以保证。面谈时间一般不少于 30 分钟。时间太短，面谈不够深入；时间太长，则容易让人产生疲劳感，影响面谈效果。

面谈地点尽量选择安静的会议室，周围不要有杂音，过程中不要有其他人打扰。面谈双方座位的选择也有一定的技巧。如果想要加强沟通的严肃性，则面谈双方应该隔着办公桌相对而坐；如果想缓解员工面谈的紧张感，则面谈双方可以隔着桌角相对而坐；如果想更进一步拉近双方的距离，促进双方平等交流，则可以选择在办公桌一侧相邻而坐。面谈双方的距离要适当，距离太远会影响信息传递的效果，而距离太近又会使双方感到压抑。在图 8－1 中，B 方式可以拉近双方的距离，在轻松的氛围中谈论个人的工作问题；但是该方式过于亲密，可能会令员工感到不自在甚至尴尬。从位置来讲，A 方式这种面对面的效果最差，因为面谈的双方相互直视，容易给面谈对象造成心理压力。B 方式和 C 方式避免了双方总是直视的尴尬局面，但 B 方式不利于观察对方的表情。在方桌的情况下，管理者和员工成 90°而坐，可以避免目光直视，缓和心理紧张，营造良好的沟通氛围；同时，也有利于观察、接受对方表达的信息。因此，C 方式所示的距离和位置最适合绩效反馈面谈。

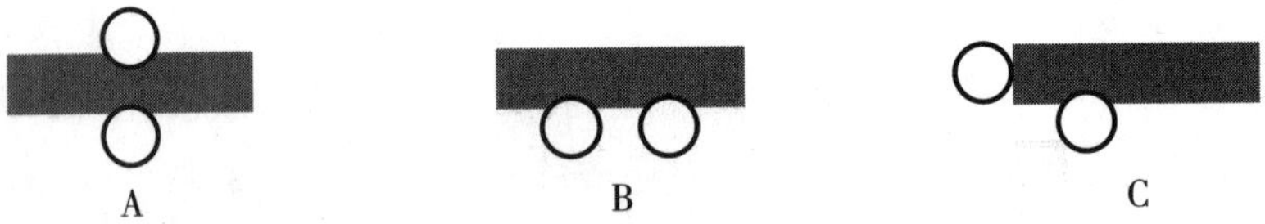

图 8－1　绩效反馈面谈的距离和位置

4. 提前通知员工做好准备

完成以上准备工作之后，管理者要与员工确认面谈的相关信息，包括面谈目的、时间、地点和参加人员等。提前通知是为了让员工做好准备，提高面谈效率。一般来说，员工需要准备的资料包括绩效自评表、工作总结、改进思考等。如果员工对考核结果有疑问，则应准备相关的工作日志。员工还可以提供个人下一步的发展计划，在面谈过程中争取上级的指导与支持。此外，员工还可以准备自己关心的问题列表，在面谈过程中与上级商讨解决这些问题。之后，员工只需安排好自己的工作，在指定时间与上级进行绩效反馈面谈。

二、绩效反馈面谈的实施

绩效反馈面谈是一个循序渐进的过程，一个完整的绩效反馈面谈过程包括以下三个阶段（如表 8－2 所示）。

表 8－2　绩效反馈面谈的实施步骤

面谈阶段	目的	面谈要点
开场阶段	营造良好的面谈氛围	• 肯定员工的工作表现 • 说明面谈的目的、步骤、所需时间
正式面谈阶段	员工自我总结	• 员工总结绩效考核周期内的重要业绩与不足 • 管理者通过启发式提问进行引导
	管理者反馈考核结果并进行评价	• 告知考核结果 • 评价员工的优秀表现和不足之处
	鼓励员工发表意见	• 鼓励员工对考核结果发表意见并耐心倾听 • 感受员工的情绪变化并给予建议 • 咨询员工对部门、上级的意见 • 就考核结果与员工进行再次确认
	关心员工个人发展	• 认真听取员工的个人发展计划 • 提出相关建议，并承诺给予支持
	帮助员工改进绩效	• 管理者与员工探讨其绩效不佳的原因，共同制订绩效改进计划 • 初步确定员工下一阶段的工作目标

（续上表）

面谈阶段	目的	面谈要点
结束阶段	总结与确认	• 管理者与员工就面谈内容进行总结与确认 • 员工与管理者整理绩效反馈面谈记录表

资料来源：李太林．全优绩效．北京：中国友谊出版社，2019.

面谈结束后，管理者与员工需要对面谈内容进行整理，形成书面文件，由管理者按制度存档管理。如果员工仍然对考核结果存有异议，人力资源部有权向管理者索取绩效反馈面谈记录表（示例见表8－3）进行审查。

表8－3　绩效反馈面谈记录表（示例）

<table>
<tr><td>面谈对象</td><td>姓名：　　　　部门：　　　　职位：</td></tr>
<tr><td>面谈人</td><td>姓名：　　　　部门：　　　　职位：</td></tr>
<tr><td>面谈记录人</td><td>姓名：　　　　部门：　　　　职位：</td></tr>
<tr><td>面谈时间</td><td>年　　月　　日</td></tr>
<tr><td>面谈地点</td><td></td></tr>
<tr><td colspan="2">面谈内容</td></tr>
<tr><td colspan="2">上一阶段工作成果（含工作内容、进展、不足）：</td></tr>
<tr><td colspan="2">工作改进（哪些方面有提升、如何做到的）：</td></tr>
<tr><td colspan="2">对考核结果的意见：</td></tr>
<tr><td colspan="2">对部门、主管的意见：</td></tr>
<tr><td colspan="2">个人发展计划及所需支持：</td></tr>
<tr><td colspan="2">下一阶段工作计划：</td></tr>
<tr><td>签字</td><td>面谈对象：　　　　面谈人：　　　　面谈记录人：</td></tr>
<tr><td>备注</td><td>1. 此表是为了解员工绩效考核与目标完成情况的反馈信息。
2. 此表应在面谈结束一周内上报上级，由上级确认后存档。</td></tr>
</table>

三、绩效反馈面谈的方法与技巧

绩效反馈面谈的方法有很多。其中，汉堡法和BEST模型堪称两大法宝，在实际操作中也比较简单且有效。

1. 汉堡法

汉堡法（Hamburger Approach）主要用于纠正性的反馈过程，该过程的结构与汉堡非常相似，故命名为“汉堡法”。在绩效反馈开始时，管理者不直接对员工的错误行为进行批评（否则容易引起员工的抵触情绪），而是先表扬员工的优秀行为，相当于“汉堡的底层面包”；然后再指出员工的不足之处，并与员工共同探讨改进措施，这相当于“在底层面包上加上馅料”。不论员工存在多少不足，在面谈结束时，管理者都要把内容落在积极的方面，让员工感受到信心、期许和力量，相当于“在馅料上加上一层面包”。汉堡法的示意图见图8－2。

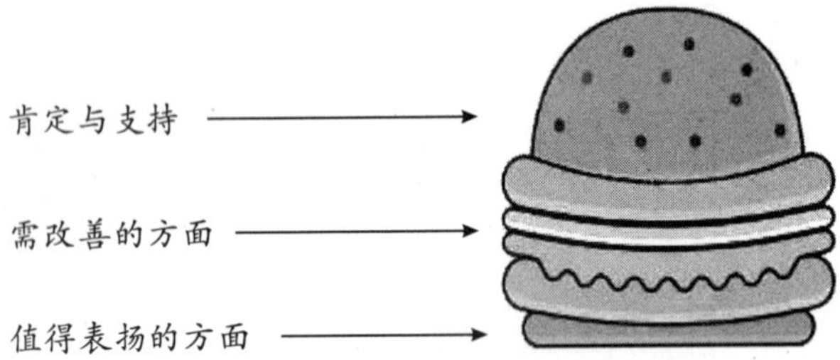

图8－2 汉堡法示意图

2. BEST模型

BEST模型主要用于对员工的错误行为进行建设性反馈。建设性反馈即指出员工的错误行为并提出改进意见供对方参考，而不是横加指责和批评。一般来说，BEST模型按以下步骤进行：①Behavior description（B）。通过客观具体的事实依据来描述员工的错误行为。②Express consequence（E）。解释员工的不当行为给团队、企业和其职业生涯带来的影响和后果。③Solicit input（S）。征询并认真倾听员工的想法，鼓励员工寻求解决办法。④Talk about positive outcomes（T）。员工发表意见后，管理者要对整个面谈做出总结，着眼未来做出工作指示。

3. 绩效反馈面谈中的对抗类型与应对策略

在绩效反馈面谈时遇到员工对抗并不罕见。管理者要认真倾听员工的意见，判断他们所说是否客观事实，是否有理有据。如果员工的说法成立，管理者就要想办法帮助他们解决问题。如果员工所说没有道理，管理者就要结合具体的对抗类型应对这些对抗，具体的应对策略如表 8－4 所示。

表 8－4 绩效反馈面谈中的对抗类型与应对策略

对抗类型	应对策略
转移型 “我做这个的原因是……”	• 倾听和考虑他们的观点：如果原因是合理的，可以考虑采纳；如果原因不合理，则将关注点引导回员工的行为上，继续进行反馈面谈
找理由型 “但是其他的团队不买账”	• 倾听和考虑他们的观点：如果原因是合理的，可以考虑采纳；如果原因不合理，管理者不要与员工一起谈论其他人，而应将关注点引导回员工的行为上，继续进行反馈面谈 • 持续关注员工相应的行为变化和变化理由
家庭状况型 “因为我家里最近……”	• 倾听和领会，如果有需要，可以提供援助；也可以从管理者的上级或者人力资源合作伙伴那里寻求建议 • 对这些事件保持一定的关注 • 保持参与和持续监控这种状况的变化
情绪反应型 常见表现为愤怒、哭泣、沉默等消极情绪	• 反馈之前，管理者要预想到员工可能最坏的情绪表现，提前有心理准备：如果员工有愤怒情绪，管理者要给员工一点时间，让其平静下来，不要与其对抗，以免情况恶化；如果员工有哭泣表现，管理者应使面谈的节奏慢下来，让员工恢复正常情绪；如果员工保持沉默，管理者应通过开放性的问题让员工参与对话

资料来源：任康磊．绩效管理与量化考核：从入门到精通．北京：人民邮电出版社，2019.

第三节 绩效申诉

绩效申诉是指员工对绩效考核结果持有异议，依照企业规章制度向有关机构提起申诉，受理部门依照规定程序对相应的考核过程和结果进行审核、调查并提出解决办法的过程。建立申诉程序的目的是为员工和管理层提供一种手段，消除彼此在绩效考核和绩效薪酬等方面的分歧。绩效申诉程序有助于增强员工对绩效管理体系公平性的认知，使其乐于接受考核结果并对组织产生信任感。

一、绩效申诉的原因

当存在申诉程序时，员工可能就两类问题提出疑问：①判断性问题。这类问题主要集中在绩效考核的效度方面。例如，某员工认为上级做出的考核评价没有反映出自己的实际绩效；数据收集存在异议（数据统计出错、收集时间不在考核周期内、数据收集未严格按照指标定义、数据收集人没有按标准进行操作等）；考核方案投诉（通常出现在有一定利益关联性的部门之间或同部门员工之间）。②管理性问题。涉及考核者是否遵守相关政策和程序。例如，受考核者的主观因素（对考核不够重视，受营私舞弊、打击报复等不当动机支配等）和客观因素（考核标准模糊等）影响，致使考核结果不公平。

二、绩效申诉的程序

员工与部门管理者的分歧若无法协调，可以向人力资源部提出申诉。受理员工的申诉后，人力资源部需要对各相关方的意见进行调查和求证：①申诉人。对申诉人进行全面的调查访谈，搞清楚其诉求点和目的是什么、提供的证据是否真实可靠等。②考核者。对考核者进行调查访谈，让考核者提供考核依据，以便了解申诉人的日常表现和考核结果，还有考核者对申诉的看法。③部门经理。如果考核者不是部门经理，那么人力资源部还应对部门经理进行访谈，了解申诉人和考核者的基本情况，以及部门经理对申诉的看法。④同事。在某些情况下（如申诉理由是考核者打击报复），人力资源部会向申诉人的同事了解其工作表现。

在收集了必要的事实依据之后，人力资源部可以判定问题所在。如果是考核者的问题，人力资源部会要求其采取纠正措施；如果是申诉人的问题，人力资源部会说明考核结果符合程序规定。在实践中，针对不同原因的申诉，处理方法略有不同（见表8－5）。

表8－5 绩效申诉的不同原因及处理方法

原因	处理原则	处理方法
数据收集存在异议	立即处理	立即组织申诉人、数据收集者、绩效专员、绩效委员会成员以及相关部门人员召开小范围会议，讲事实、说数据。如有失误，立即纠正；如有不明白或理解不正确的情况，立即重新进行数据收集和统计。即使是申诉人本人理解不正确，也要给予正确解释并耐心说服
考核方案投诉	谨慎处理	对申诉意见进行客观分析，请方案设计者向申诉人解释设置理由、事实依据、公司实情等，说明考核方案的科学性与准确性。如果申诉人提出考核方案必须改进的充分理由，经绩效委员会讨论后也可以修改方案，但必须慎重思考与分析
考核者主观因素	公平公正	暗中调查申诉人平时工作表现如何、周围同事如何评价，部门领导评价怎样、依据是否充分。如果申诉事实成立，要劝导申诉人的直接领导纠正，必要时请上一级领导出面；如果评价证据充分，要对申诉人进行耐心讲解
考核系统客观因素	耐心解释	向申诉人详细说明绩效考核流程；如果申诉人希望今后能够更全面地参与考核，可以组织相关人员共同研讨参与方式；如果各方都认可，则按建议实施

如果申诉人对以上处理结果满意，即可终结申诉。如果部门管理者不同意采取纠正措施，或者员工不接受人力资源部认定的结果，绩效申诉就会呈送给申诉处理委员会或者管理层评审委员会。这个机构通常由总经理、副总经理、工会主席、人力资源部经理、申诉人所在部门经理组成。申诉处理委员会或管理层评审委员会需要对相关过程进行审查，访谈相关证人，研究过往相似案例，并回顾企业的相关政策，随后通过开会投票做出最终决策。该结果为最终申诉结论，申诉人应无条件遵守。

绩效申诉的处理对企业的影响很大。若处理不当，则很可能产生劳动关系纠纷。绩效考核结果后续会应用于调薪、人员调配、发展培训等方面，因此人力资源部必须在此过程中保持中立，对申诉的处理要与申诉人达成共识。最后，相关人员在申诉处理方案上签字确认，并将该方案归档管理（示例见表8－6）。

表8－6　绩效考核申诉表（示例）

申诉日期：　　　　　　年　　　　　月　　　　　日

<table>
<tr><td>申诉人</td><td></td><td>工号</td><td></td><td>部门</td><td></td><td>直接上级</td><td></td></tr>
<tr><td colspan="8">申诉事件：</td></tr>
<tr><td colspan="8">申诉理由（可以附页）：</td></tr>
<tr><td colspan="8">上级部门处理意见：

负责人签名：　　　　　　　　　　　　　日期：</td></tr>
<tr><td colspan="8">人力资源部处理意见：

负责人签名：　　　　　　　　　　　　　日期：</td></tr>
<tr><td colspan="8">总经理处理意见：

总经理签名：　　　　　　　　　　　　　日期：</td></tr>
<tr><td colspan="8">申诉人签名：　　　　　　　　　　　　　日期：</td></tr>
<tr><td colspan="8">备注：总经理处理意见为最终处理意见。
1. 申诉人必须在知道考核结果7日内提出申诉，否则无效。
2. 申诉人直接将本表提交人力资源部。
3. 本表一式三份，一份交人力资源部存档，一份交申诉人主管，一份交申诉人。</td></tr>
</table>

第九章

绩效考核结果的应用

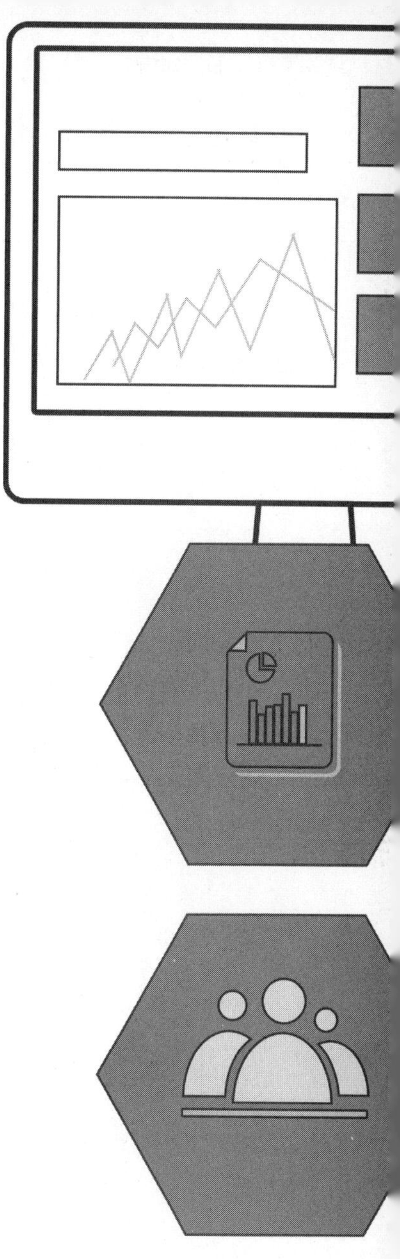

绩效考核的完成并不代表绩效管理工作的结束，后续的工作环节还要对考核结果进行管理与运用。考核结果的应用包含两个层面：一是绩效改进。管理者与员工共同对绩效不佳的原因进行分析诊断，并制订绩效改进计划；其结果可以为企业安排员工培训以及员工职业生涯规划等方面提供依据。二是价值评价。其结果可作为企业人力资源决策的重要依据，用于相关的奖惩、薪酬调整及人事调动等。

- 绩效改进
- 在员工薪酬中的应用
- 在岗位调配中的应用
- 在员工培训中的应用

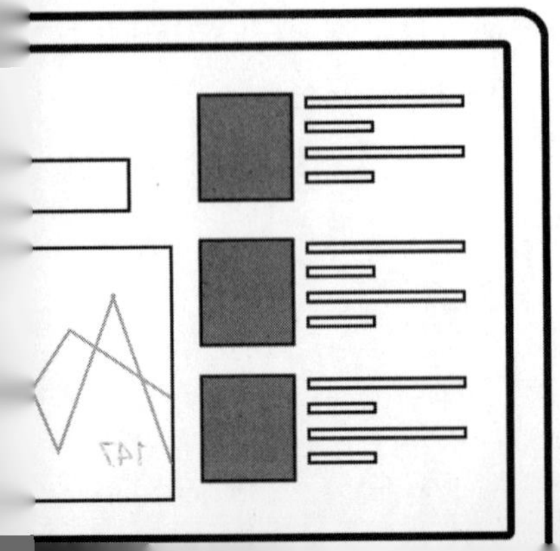

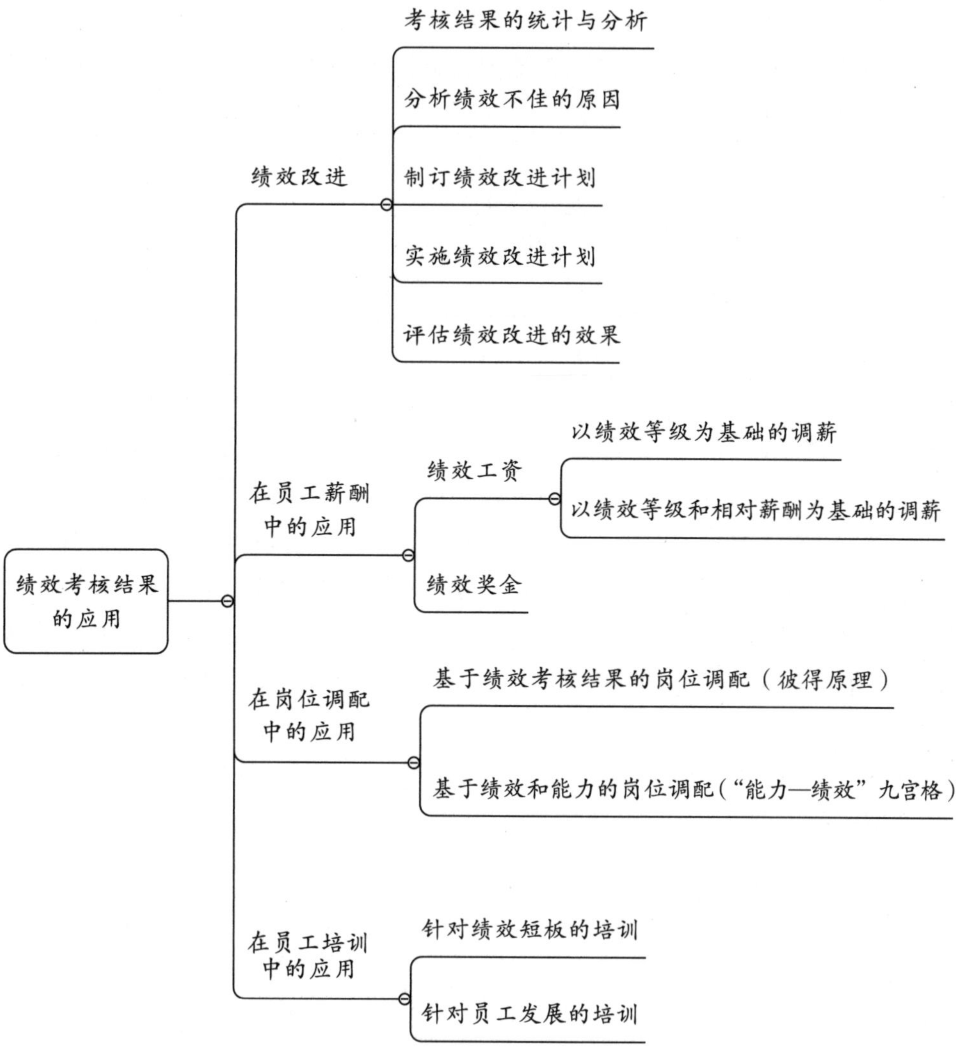
绩效考核结果的应用
绩效改进
考核结果的统计与分析
分析绩效不佳的原因
制订绩效改进计划
实施绩效改进计划
评估绩效改进的效果
在员工薪酬中的应用
绩效工资
以绩效等级为基础的调薪
以绩效等级和相对薪酬为基础的调薪
绩效奖金
在岗位调配中的应用
基于绩效考核结果的岗位调配（彼得原理）
基于绩效和能力的岗位调配（“能力—绩效”九宫格）
在员工培训中的应用
针对绩效短板的培训
针对员工发展的培训

第一节　绩效改进

绩效改进在绩效管理闭环系统中属于继往开来的环节，它既是前一个绩效循环的结束，又是下一个绩效循环的开始。绩效改进流程可以分为五个环节：考核结果的统计与分析、分析绩效不佳的原因、制订绩效改进计划、实施绩效改进计划、评估绩效改进的效果。

一、考核结果的统计与分析

考核结果分析是绩效改进的基础。通过挖掘绩效考核结果的深层次原因，提出有价值的绩效改进意见，有针对性地帮助员工制订绩效改进计划，达到绩效管理的目的。分析绩效问题需要利用人力资源部汇总的考核结果统计表。对这个表格的分析能够帮助管理者准确查找、快速发现和精确定位需要重点关注的改进对象。常见的方法有两种：①横向比较分析。对同类员工（不限于相同部门）在同一个考核周期的表现以及对员工自身各项指标进行比较分析。其目的是查找问题员工及其绩效薄弱项。②纵向比较分析。通过对员工本期考核结果与上期考核结果进行对比分析，寻找绩效差距以及导致差距的可能原因。某个员工的单项绩效指标一直都是短板，而另一个员工的单项绩效指标有波动，这两种情形背后的原因显然是不一样的。

如果通过以上分析发现，某个员工需要改善的指标有多个，可以按照图 9－1 所示的优先级别顺序（①>②>③>④）选取重要且紧急的绩效指标开始。多个问题同时着手会造成压力过大，因此存在挑选指标的问题。而在同一优先级别的指标中，应从容易改进的指标着手。因为首个绩效改进计划的顺利完成能够极大地树立员工信心，为后续改进工作提供思想保障。

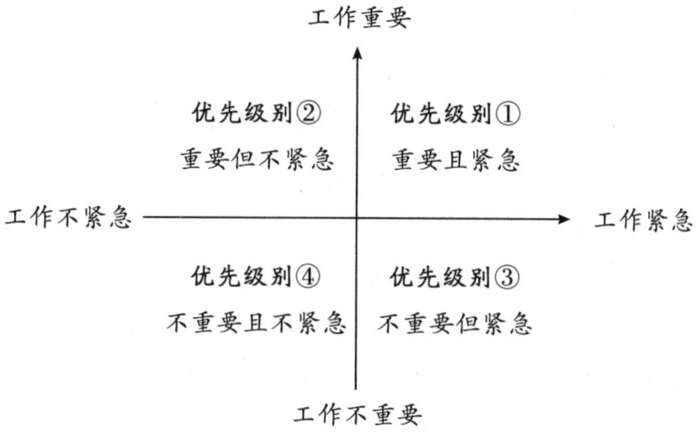

图9－1　绩效改进指标的选择方法

二、分析绩效不佳的原因

员工绩效不佳可能有多种原因。根据影响绩效的主体不同，可以从员工、管理者和环境三个方面来分析绩效不佳的可能原因（见表9－1）。

表9－1　绩效不佳的可能原因

影响绩效的主体	维度	绩效不佳的可能原因
员工	知识	缺乏充足的理论知识
	技能	相关技能不熟练；缺乏相关的工作经验
	态度	工作态度不积极；个人定位不明确；喜欢投机取巧；外部压力过大
管理者	辅导	未能及时有效地进行绩效辅导和沟通
	激励	激励措施不完善，造成负面影响
环境	内部	生产设备和工具不良；原材料短缺；生产条件恶劣；同事关系不佳
	外部	市场、客户、竞争对手带来的机遇和挑战

分析绩效不佳的过程需要上下级一起，通过头脑风暴法和鱼骨图法，找出所有可能的改进办法。这些改进办法同样可以按员工、管理者和环境三个主体进行分类，列出一张详细的表格。选择解决方案的策略要点有：①如果不是员工自身原因导致的，管理者应在本人权限范围内最大限度地排除外部障碍或尽可能减少外部影响。②如果是员工自身态度导致的，管理者必须先解决其态度问题，再解

决其知识和技能问题。因为态度有问题的话，一切预期变化都不可能发生。尤其要注意的是，在讨论过程中，管理者和员工应对解决方案达成共识，这样员工才会全身心地投入改进实践的工作。

三、制订绩效改进计划

确定好解决思路后，接下来要制订具体的改进计划。通常，绩效改进计划表的内容包括：①个人基本情况。②根据上一个考核周期的绩效考核结果，确定工作中需要改进的方面。③明确需要改进的原因，并附上个人在相应绩效指标上的得分以及考核者对该问题的描述或解释。④明确改进措施，包括应采取的行动、具体步骤、实施日期和改进期限等（示例见表9－2）。

表9－2　员工绩效改进计划表（示例）

<table>
<tr><td>姓名：</td><td>部门：</td><td>岗位：</td><td>直接主管：</td></tr>
<tr><td colspan="4">一、考核绩效摘要</td></tr>
<tr><td rowspan="3">杰出绩效
（按重要性排列）</td><td colspan="3">1.</td></tr>
<tr><td colspan="3">2.</td></tr>
<tr><td colspan="3">3.</td></tr>
<tr><td rowspan="3">需改进的绩效
（按重要性排列）</td><td colspan="3">1.</td></tr>
<tr><td colspan="3">2.</td></tr>
<tr><td colspan="3">3.</td></tr>
<tr><td colspan="4">二、绩效改进计划</td></tr>
<tr><td>应采取的行动</td><td>具体步骤</td><td>实施日期</td><td>完成日期</td></tr>
<tr><td></td><td></td><td></td><td></td></tr>
<tr><td></td><td></td><td></td><td></td></tr>
<tr><td></td><td></td><td></td><td></td></tr>
<tr><td></td><td></td><td></td><td></td></tr>
<tr><td colspan="4">被考核者签名：　　　　直接主管签名：　　　　部门主管签名：</td></tr>
</table>

四、实施绩效改进计划

管理者对绩效改进计划的实施过程进行跟踪控制，监督改进计划是否按照预期进度展开。在此过程中，管理者要主动与员工沟通，了解员工在改进过程中是否遇到困难，并提供力所能及的帮助和支持。第一个绩效改进计划完成之后，如果员工还有余力，可开始制订并实施第二个计划。在制订第二个计划时，要注意员工的状态与所处环境是否已经发生变化。如有变化，要重新研究新的情况并制订相应绩效改进计划。

五、评估绩效改进的效果

绩效改进计划实施之后，并不意味着绩效改进流程的结束。企业有必要通过评估确定绩效改进工作是否已经达到预定目标。评估结果将反馈至企业绩效计划过程之中，从而开始下一周期的绩效管理循环。

第二节　在员工薪酬中的应用

将绩效考核结果直接应用于薪酬调整是许多企业最常见的做法。大多数企业会将员工薪酬分为固定工资和浮动工资两部分。其中，岗位工资、级别工资等决定了员工薪酬中的固定部分；受当期业绩影响的浮动工资即绩效薪酬，主要包括绩效工资和奖金两部分。但是，不同岗位的工作性质不同，其绩效工资与奖金在薪酬体系中所占的比重也不相同。例如，销售人员的工资很大一部分是由销售业绩决定的，而职能部门工作人员的薪酬受绩效的影响就比较小。

一、绩效工资

1. 以绩效等级为基础的调薪

绩效考核结果在调薪中的应用是指根据员工的绩效考核结果对其基本工资进行调整，调薪的程度根据考核等级的不同有所区别。一般来说，对于绩效等级越高的员工，调薪的幅度或数额越高；绩效等级较低的员工，调薪的幅度或数额越低或不进行调薪；对于绩效特别差或者长时间处在低水平的员工，还可以考虑降薪。调薪的周期一般以年为单位，根据不同需要也会以半年或季度为单位。

在实践中，对于岗位薪酬等级设置比较规范的企业来说，调薪的基本规则是依据绩效考核结果对现有岗位工资进行级别的调整。有的企业不仅依据本年度的绩效考核结果，还会综合上年度的绩效考核结果对员工岗位工资进行调整（示例见表9－3）。

表9－3　员工绩效考核结果与岗位工资等级调整规则（示例）

本年度绩效考核结果	上年度绩效考核结果	岗位工资等级调整
优秀	优秀	上升两级
	良好	上升一级
	合格/不合格	不变
良好	优秀/良好	上升一级
	合格/不合格	不变
合格	优秀/良好/合格/不合格	不变
不合格	优秀/良好/合格	不变
	不合格	下降一级

对于没有严格薪酬等级或者不完全参照岗位工资等级调薪的企业来说，可依据绩效考核结果，以岗位工资为基数进行一定比例的薪酬调整（示例见表9－4）。

表9－4　员工绩效考核结果与岗位工资调整规则（示例）

本年度绩效考核结果	上年度绩效考核结果	岗位工资调整
优秀	优秀	20%
	良好	15%
	合格/不合格	10%
良好	优秀/良好	15%
	合格/不合格	5%
合格	优秀/良好	10%
	合格/不合格	5%
不合格	优秀/良好/合格/不合格	0

以绩效等级为基础的调薪方式是企业普遍采用的，设计最为简单，企业容易控制和掌握整体的加薪幅度与成本预算，便于企业管理。但是，由于绩效调薪幅度完全依据绩效等级，而没有考虑员工本身岗位工资的多少，在绩效等级相同的情况下，岗位工资高的员工的绝对加薪数额要高于岗位工资低的员工，前者的薪酬增长较快，会逐渐拉大企业内部的薪酬差距，可能会影响团队合作。

2. 以绩效等级和相对薪酬为基础的调薪

在这种模式下，决定员工绩效调薪幅度的依据有两个：一是员工的绩效等级；二是员工的相对薪酬比率。相对薪酬水平包括两种情况：一种是外部相对薪酬水平，指的是员工当前薪酬水平和市场平均薪酬水平的差距；另一种是内部相对薪酬水平，指的是员工当前薪酬水平在企业薪酬等级体系内的位置。在实践中，由于很难获得真实的市场工资数据，大部分企业都是以内部相对薪酬水平为基础进行绩效调薪的。

当员工的相对薪酬水平相同时，绩效优秀的员工比绩效较差的员工的加薪幅度大；当绩效等级相同时，相对薪酬水平越低的员工，绩效加薪幅度越大（示例见表9－5）。这样的方式有利于企业薪酬成本的控制，维持企业薪酬结构的完整性，不至于因为内部薪酬差距过大影响员工的团结与合作。

表9－5　基于相对薪酬比率的绩效加薪表（示例）

本年度绩效考核等级	基本工资的调整幅度		
	相对薪酬比率（r）90%以下	相对薪酬比率（r）90%～100%	相对薪酬比率（r）100%以上
优秀	20%	18%	16%
良好	15%	13%	11%
合格	10%	8%	6%
有待改进	5%	3%	1%
较差	0	0	0

注：相对薪酬比率（r）＝（员工基本工资÷企业基本工资的中位数）×100%。当 $r>100\%$ 时，随着 r 值的增加，员工基本工资偏离企业基本工资的中位数越远，说明员工的相对工资越高。同理，当 $r<100\%$ 时，说明员工的相对工资越低。

二、绩效奖金

绩效调薪有一个潜在问题，就是员工的基本工资会随着时间推移累积提高，给企业支付带来负担。为了弥补此缺陷，有企业选择绩效奖金的方式来激励优秀员工。绩效奖金，也称一次性奖金，是根据员工的绩效考核结果给予的一次性奖励。绩效奖金的类型多样，常见的有月绩效奖金和年绩效奖金两种。

在岗位薪酬等级设置比较规范的企业里，月绩效奖金是依据每月的考核系数发放的一笔奖金，其计算公式为：月绩效奖金 =（奖金系数 × 奖金基数）× 月考核系数。其中，奖金系数来自企业的岗位薪酬等级表；奖金基数 = 月奖金总额/所有员工奖金系数之和。类似地，员工年度绩效奖金的计算公式为：年绩效奖金 = 员工奖金系数 ×（年度奖金总额/所有员工奖金系数之和）× 年度考核系数。

在没有严格岗位薪酬等级或者不完全参照岗位薪酬等级的企业里，可以岗位工资为基数，按照员工的年度考核结果对应的系数发放奖金。有些企业的年终奖不仅会考虑员工本人的考核结果，同时还会参考员工所在部门的年度考核结果。这种设计的目的是：鼓励员工关注自身绩效的同时重视团队合作，从而实现个人绩效与部门绩效的共同提升。例如，某企业员工年终奖的计算公式为：年绩效奖金 = 员工月基本工资 × 员工所在部门年度绩效结果对应系数 × 员工个人年度绩效结果对应系数 ×（员工实际出勤天数/企业规定员工年度应出勤天数）。

在实践中，有的企业还会设置专项绩效奖金计划。当员工努力的程度远远超出工作标准的要求，给企业创造了优异业绩或者做出了重大贡献时，企业会给予他们一次性奖励。这种奖励形式可以是现金、物质奖励或荣誉称号等精神奖励。与绩效加薪不同的是，这种方式具有非常高的灵活性，可以对多种单项高水平绩效表现进行奖励。

案例 1　某公司年度绩效考核奖励基金管理制度

第一章　总则

第一条　为进一步完善 ×× 股份有限公司（以下简称“公司”）的法人治理结构，促进公司建立、健全激励约束机制，充分调动公司及公司控股子公司的高级管理人员和核心员工的积极性，增强公司管理团队和核心员工对实现公司持续、健康发展的责任感、使命感，有效地将股东利益、公司利益和公司员工利益结合在一起，使各方共同关注公司的长远发展，减少管理者的短期行为，根据《公司法》《证券法》及《公司章程》等有关规定，并依据《薪酬管理制度》《绩效改进考核管理制度》制定本制度。

第二条 公司设立年度绩效考核奖励基金，由公司总裁授权实施，是用于鼓励高级管理人员和对公司年度业绩有贡献的人员、部门而设立的基金。

第三条 本制度适用于以下人员：

1. 公司高管团队组成人员。
2. 公司各部门、子公司的技术、管理骨干。
3. 出色完成当期重点工作的部门或个人。

第二章 年度绩效考核奖励基金的提取

第四条 年度绩效考核奖励基金按以下原则提取：

1. 完成年度净利润（指股份公司合并数）目标<80%，不提取奖励基金。
2. 80%≤完成年度净利润目标<100%，以经审计后的年度净利润6%的标准计提奖励基金。
3. 100%≤完成年度净利润目标<120%，以经审计后的年度净利润7%的标准计提奖励基金。
4. 120%≤完成年度净利润目标，以经审计后的年度净利润8%的标准计提奖励基金。
5. 以上奖励基金逐月按照当月净利润6%的标准计提，年终时根据净利润指标完成情况确定计提标准，计提奖励基金实行多退少补的原则。

第五条 公司在年度股东大会审议通过公司年度报告后，按照第四条提取比例确认奖励基金额度。

第三章 年度绩效考核奖励基金的分配

第六条 年度绩效考核奖励基金的奖励形式：

1. 现金奖励。
2. 其他形式奖励。

第七条 参与年度绩效考核奖励基金分配人员及分值的确定：

1. 各部门领导提出参与年度绩效考核奖励基金分配人员名单并按工作实绩分别评分。
2. 系统总监、子公司总经理审核名单后报人力资源部。

3. 高级管理人员的综合得分依据董事会薪酬与考核委员会经营业绩考核结果，具体考核办法依据《公司董事、高级管理人员薪酬与考核管理制度》及《公司董事、高级管理人员薪酬与考核操作方案》。

4. 人力资源部按日常绩效考核情况审核参与奖励基金分配人员评分的合规合理性，并给出人力资源部评分。员工综合得分为：部门评分×70%＋人力资源部评分×30%。人力资源部审核评分后，汇总为奖励基金分配人员表报公司总裁。审核过程中，人力资源部有权要求部门或子公司提交有关员工资料，相关部门或子公司应配合审核工作。

5. 总裁审核奖励基金分配人员表，并确定各职位等级的奖励系数。

6. 最终得分为：综合得分×奖励系数。

7. 受到记过以上处分人员，不得参与年度绩效考核奖励基金的分配。

第八条 每年年度绩效考核奖励基金的发放比例由总裁确定。可一次性或年内分次发放。余额并入下年基金，滚动使用。

当年年度绩效考核奖励基金发放总额＝当年年度绩效考核奖励基金提取额×发放比例。

第九条 分配金额＝最终得分×（当年发放总金额/Σ所有分配员工得分）。

第十条 其他人员和部门的奖励，由本人所在部门或上级提出，经总裁办公会讨论通过，公司总裁批准后实施。

第四章　其他

第十一条 年度绩效考核奖励基金专款专用，由公司财务管理部设专户管理。

第十二条 年度绩效考核奖励基金的提取、保管及使用情况，每年由公司法律审计部进行审计。

第十三条 本制度由公司董事会批准后施行，修改亦同。

第十四条 本制度由公司董事会负责解释。

资料来源：大洋电机：年度绩效考核奖励基金管理制度（2010 年 4 月）.（2010－04－15）. http://stock. jrj. com. cn/share, disc, 2010－04－15, 002249, 00000000000002Rpzt. shtml.

第三节　在岗位调配中的应用

绩效考核结果也是企业对员工实施岗位调配的重要依据。这里的岗位调配不仅包括纵向职位上的晋升或降职，还包括横向调岗或工作轮换。

一、基于绩效考核结果的岗位调配

根据绩效考核结果决定晋升机制具有一定的合理性。在绩效考核过程中可以发现优秀员工，对这部分员工进行培养和提拔是企业的一种有效激励机制。不过，单纯以绩效考核结果作为岗位调配的依据也存在缺陷。

美国学者劳伦斯·彼得（Laurence J. Peter）对人员晋升问题的研究发现，各种组织都习惯对在某个岗位层级上称职的人员进行晋升，并总是将其晋升到不能胜任的岗位。这种现象也称为彼得原理，在现实生活中无处不在。例如，一名优秀的教授被提升为大学校长后并不一定能胜任；一个优秀的运动员被提拔为主管体育的官员可能无所作为。正如彼得原理显示的，许多主管会来到他们不能胜任的岗位。这些人无法改进现有的绩效，在必须提高组织效率的压力下，只能通过雇用更多员工促使效率暂时提升。但新进人员终会被晋升到不能胜任的层级，于是“无效率→增雇员工→效率短暂提升”的循环周而复始，从而使组织中的人数超过了工作的实际需要，造成人浮于事，效率低下，发展停滞。根据彼得原理，企业应该改变“绩效考核决定晋升”的机制，即不能因为某个人在某个岗位上干得很出色，就推断此人一定能够胜任更高一级的职务，而要建立科学、合理的人员选聘机制，准确评价每一位员工的能力水平，将员工安排到其可以胜任的岗位。

二、基于绩效和能力的岗位调配

为了预防彼得原理的现象发生，GE 公司采用了“能力—绩效”九宫格工具，后来被广泛应用于各类人才盘点中。“能力—绩效”九宫格把员工的能力水平和绩效水平分别作为纵轴和横轴，并划分成高、中、低三个档次，然后根据员工的具体情况进行针对性岗位调配，确保人才发展与组织发展相匹配（如图 9－2 所示）。

能力水平	不符合期望 C	符合期望 B	超出期望 A
超出期望 A	AC • 等待并观察 • 要求努力工作提高绩效 • 轮岗或调岗	AB • 奖励：加薪及给予较多奖金 • 鼓励：争取更大绩效 • 机会：具有晋级的条件	AA • 各种机会和奖励 • 高额加薪及奖金 • 可优先晋级或跨级晋升
符合期望 B	BC • 停止一切机会与奖励 • 要求参加培训和学习 • 观察并考虑下一步如何处理 • 考虑减薪	BB • 对加薪和晋级均需考虑 • 提出绩效要求 • 培训提高技能	BA • 奖励：加薪及给予较多奖金 • 鼓励：争取更大绩效 • 机会：具有晋级的条件
不符合期望 C	CC • 转岗 • 淘汰	CB • 停止一切机会与奖励 • 要求参加培训和学习 • 观察并考虑下一步如何处理 • 考虑减薪	CA • 暂停加薪及晋升机会 • 要求努力工作提高绩效 • 对员工能力进行培训

绩效水平

图 9－2　“能力—绩效”九宫格

（1）AA 类（能力高—绩效高）员工。对于这类优秀员工，企业可以考虑给他们直接加薪和晋升，赋予他们更重要的责任。同时，配合其他举措留住这些关键人才。

（2）AB 类（能力高—绩效中）员工。通常是工作方法不当或时机未到的大器晚成者。对于这类员工，可以给予加薪和奖金，可以考虑作为晋升的第二人选。管理者应该鼓励他们找到绩效改进方法。

（3）AC 类（能力高—绩效低）员工。通常有三种可能性：①员工的能力和岗位错配。应给予绩效改进方法的辅导或调换岗位。②企业新进员工。这种情况要等待并观察。③员工的态度问题。管理者应了解具体原因并尝试解决问题，或者给员工一定的警告。若通过努力仍没有得到逆转，可以考虑降级。

（4）BA 类（能力中—绩效高）员工。对于这类员工，可以给予加薪和奖金；可以作为能力提升的重点培养对象，使其具备晋升的核心能力；这类员工虽说绩效较好，但能力水平还不够，可以考虑作为晋升的第三人选。

（5）BB 类（能力中—绩效中）员工。对于这类员工，加薪和晋级均需考虑；尤其要加强培训和辅导，待其绩效改善或技能提升后再决定是否给予挑战性任务。

（6）BC 类（能力中—绩效低）员工。应严格要求并协助这类员工改善绩效；

考虑降级或减薪；观察其后续改善效果，属于待定人员。

（7）CA 类（能力低—绩效高）员工。对于这类员工暂缓加薪或晋升；当前的好绩效大多是运气或外力因素所致（如新市场可能处于红利期或得到公司领导的支持），提升能力才是根本，应给予他们这方面的重点培养。

（8）CB 类（能力低—绩效中）员工。应严格要求并协助这类员工进行能力提升；考虑降级或减薪；观察其后续改善效果，属于待定人员。

（9）CC 类（能力低—绩效低）员工。这类员工无法胜任工作，应将其转岗或淘汰。

案例2　华为的“能力—绩效”九宫格

华为也是依据绩效考核结果与员工的胜任力进行人才评估的。企业先借助“能力—绩效”九宫格工具很好地把员工的综合表现有效地区分出来，再根据自身的经营效益和人才发展与梯队建设状况，给出合理的调薪标准和人员晋升、调岗及任免安排等。在华为，针对这九类人员有五大类处理方法：

（1）AA 类员工：有机会可以晋升。

（2）AB 类、BA 类和 BB 类员工：留任。

（3）CA 类员工：留任考察并加强培养。

（4）BC 类、CB 类和 CC 类员工：调岗或免职。

（5）AC 类员工：留任考察或调岗。

针对人员的调配问题，华为对干部队伍建立了“能上能下、能进能出”的动态管理机制。所谓“能上能下”，就是干部既可能升职，也可能降职。管理团队除了要“能上能下”，还要“能进能出”。这里的“出”并非只有裁员一种方式。在华为，“退出”的方式主要有这么几种：一是提前退休，即给老员工一笔补偿款，让他们提前退休腾出位子。二是转岗，就是把管理者转为公司顾问，让他们以专家顾问身份为公司建言献策，但是不能参与管理决策。三是用辅业来分流，比如华为成立了一家做企业商旅的公司，用来分流公司元老。四是内部创业，公司对离职员工的创业项目进行投资和扶持。

资料来源：吴建国. 华为团队工作法. 北京：中信出版社，2019.

第四节　在员工培训中的应用

一、针对绩效短板的培训

绩效考核结果可应用于分析员工的绩效短板，找出导致其绩效不佳的知识、技能等不足之处，通过开展有针对性的教育培训来帮助员工改进绩效。一般来说，针对绩效短板进行的培训先要分析原因并将其分类，然后进行有针对性的培训。

第一步，通过分析绩效不佳的原因识别问题。通常，导致员工绩效不佳的主要原因有：知识、技能、态度、外部障碍。如果是非员工个人原因的外部障碍所致，应该另谋他法。

第二步，将发现的问题按照态度、技能和知识进行归类，确定培训的方向。

（1）如果员工在以上三方面均有短板，必须先解决态度问题，态度是一切改善工作的前提。

（2）如果是态度问题，就意味着员工对工作存在一定的抵触或消极情绪。主要有三种可能性：一是员工家庭或私人出现问题，无心工作；二是自身价值观与企业价值观不一致，消极怠工；三是对自己缺乏信心，总是怀疑自己做得不好，过分焦虑。对于态度问题，管理者首先要加强沟通，及时疏导，让员工先处理好自身的情绪问题，才能真正融入工作；然后根据后续情况，决定是否还要通过一些辅助性培训加以引导。

（3）如果是缺乏知识和技能，可以通过在职培训、导师制、岗位轮换、实操训练、技能竞赛等方法解决。员工技能评估是这类培训的前提条件。一般来说，员工的技能可以分为软技能和硬技能两种。软技能是指沟通能力、学习能力、适应变革的能力和抗压能力等；硬技能是指程序化技能和专业技能，例如，外贸企业的销售代表，英语口语、谈判和产品知识都属于专业技能。如果员工这两种技能都缺乏，则应该优先软技能的培训，因为硬技能可以通过员工的业余自学得到提升。

第三步，制订培训计划，确定培训方式和内容。员工培训的方式有多种，除了外部培训之外，还有读书会、导师制、岗位实操训练等内部培训方式。人力资源部可能不了解每位员工工作的细节，由高技能员工担任内训师可以较好地实现培训目的。此外，由经理或者员工信任的资深员工担任导师或培训师，有利于设计有针对性的培训内容并实现及时反馈。

二、针对员工发展的培训

并不是只有绩效不佳的员工才需要接受培训。在图 9－2 中，AA 类、AB 类和 BA 类员工是骨干人员，企业也可以为他们的职业发展制定相应的培养规划。有研究显示，所有愿意对员工进行投资，并且为他们准备了丰富的培训与发展项目的企业，其员工满意度、内部晋升机会均大大超出同行，同时也营造了更加能留人的环境。

（1）确定学习成长的目标。这主要来源于员工个人的职业发展规划以及近几年内打算晋升的目标岗位。

（2）聚焦员工能力的差距。管理者可以通过以下方法明确员工是否具备实现目标的技能：一是结合员工上一年度的工作心得（包括能力不足、犯错误的工作项等），明确需要提升的能力点；二是对照目标岗位的要求找出差距，明确需要学习补充的能力点。

（3）制订员工学习计划表。首先，与员工一起确定他们需要发展的能力，并寻找提升这些能力的最佳学习方法。员工可以与部门同事或目标岗位的同事沟通，探讨提升相关能力的学习方法；也可以与部门领导沟通，听取对自己能力提升有帮助的建议。然后，结合不同的方法，提出包括导师、学习资料和相关指引的资源需求。最后，制订切实可行的学习计划表，要有明确的阶段目标及衡量标准，以便定期回顾与调整。

（4）监控员工目标的完成进度。定期检查员工的阶段目标完成情况，以确保他们得到所需的支持并对正在学习的内容感兴趣。

案例3 某集团关于骨干员工的培养规划

某集团对骨干员工的培养采取了“四一”培养方式，即一对一提升指导以及每季度一次工作提案、一次集中培训、一次总裁座谈。

（1）一对一提升指导是指由集团管理中心为每位骨干员工指定部门经理、总监或副总等作为一对一的指导老师，指导其职业发展及工作晋升等。

（2）一次工作提案是指每位骨干员工担负着企业发展的基层调研或创新提炼

的重任，每季度需根据岗位或企业实际编写一份工作提案交集团管理中心。

（3）一次集中培训是指每季度由集团人力资源中心邀请集团管理专家或外部专家给予全体骨干员工不少于2天的培训。

（4）一次总裁座谈是指每季度由集团管理中心组织全体骨干员工与集团总裁进行一次座谈会，可直接与总裁探讨企业发展或经营管理的各种问题，以展示自己的才华。

此外，根据骨干员工发展的实际情况，集团还会采取在集团范围或子公司内轮换岗位的方式培养他们，以丰富其知识和技能，同时安排其参与集团或子公司的重要项目，提升其工作技能。集团领导对这种培训高度重视，并将骨干员工培养作为其所在部门负责人工作业绩的主要方面。

资料来源：员工培养和成长计划怎么定.（2012－11－21）. https://www.hrloo.com/dk/66552.

案例4　华为的人才培养体系

华为加速员工成长的动作要领，就是建立一纵一横的人才培养体系。“纵”是指纵向人才梯队培养，由各级管理者亲自担任教练员，采取“全真教”的培训方式，促进各级员工成长；“横”是指个体成功经验的横向推广，快速复制符合相同岗位需求的人才。

一、“全真教”培养纵向人才梯队

所谓“全真教”，即华为的所有高层领导必须轮流担任新员工培训的授课讲师；而华为的所有中高层管理者都必须获得企业培训师资格和教练资格，成为自己下属的教练员。由管理者自己来培训员工、指导员工，最大的好处就是培训内容聚焦于实践，能围绕实际工作场景，探讨如何解决工作中遇到的实际问题。同时，还可以做到“训战结合”——让员工在工作中边冲锋、边练兵。培训的最终目的是要让员工上战场打胜仗。这也是“全真教”的本意，强调真实，从实践中来，到实践中去。

不但新员工要接受培训，管理层也要接受培训。比如，中层干部作为后备梯队人才，需进入高层领导培养计划。先是进行两周的课堂学习，聚焦于高管需要掌握的战略思维、政策把握等。接着是三个月的实战训练。具体做法是：由直接领导担任培训教练进行一对一的深度沟通，找出培训对象身上最需要改进的两项技能。然后，教练会为其制订详细的能力提升方案，在三个月内集中突破，教练定期指导。三个月之后，再来考核这两项技能是否有实际提升。实践证明，这种“全真教”的培训方式非常有效，三个月之后，培训对象中有50%的人在自己的两项改进技能上都有显著提升。员工技能的提升可直接转化为华为的绩效提升，因而培训的投资回报率非常高。

二、横向岗位的人才复制技术

21世纪初，华为的全球业务只覆盖了20个国家，公司决定在5年内把业务拓展到180个国家。要在这么短的时间内大批量复制开拓国际市场的关键人才，华为的做法是：把个人的成功经验提炼成标准化教材，并规模化推广。具体分三步走：①在全球五大洲分别找出业绩最好的国家代表，让他们分别列出开拓海外市场的关键问题清单。对比这些清单找出问题的“交集”，把“交集”整理为8个关键问题，比如关税问题、建厂问题、劳工问题、政府关系问题等。把这些关键问题搞明白了，开拓海外市场的问题就基本解决了70%～80%。②把这8个关键问题变成8个培训主题，分配给5位国家代表，每个人负责1～2个主题的培训开发，包括编写教案、制作课件和实际登台教学。其间会有培训专家对这5位国家代表进行专业辅导。③招募学员进行实战培训。培训结束后，只有通过答辩的员工才可以被正式派驻海外。当这些人实际开展工作时，发现遇到的大部分问题已经提前做过沙盘预演，就能心中不慌、有条不紊地去解决问题。华为就是通过以上方式培养了数以百计的国家代表，保障了华为海外业务的快速扩张。

通过一纵一横的人才培养体系，华为掌握了一套高效的人才复制机制。这些年来，包括BAT在内的互联网企业不断用“高薪酬、高职位、高成长”策略从华为大量挖人，却没有导致华为的人才枯竭，反而世界级的领军人才越来越多，这绝对要归功于这套一纵一横的人才培养体系。

资料来源：吴建国. 华为团队工作法. 北京：中信出版社，2019.

第十章

绩效管理新趋势之一：目标与关键成果法(OKR)

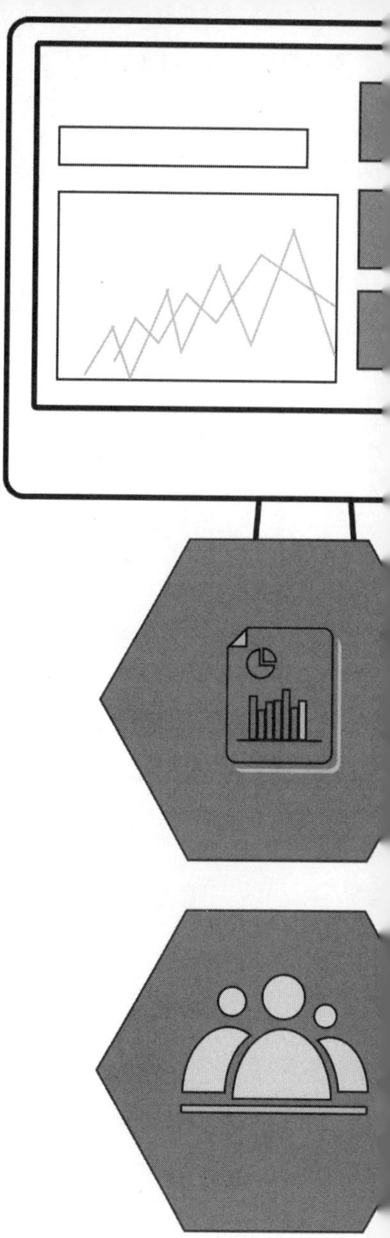

目标与关键成果法（Objectives and Key Results，OKR）起源于英特尔，发扬于谷歌，自2014年传入中国后，引起互联网公司纷纷效仿。那么，究竟什么是OKR？OKR的制定和执行流程又是怎样的？这种方法与之前主流的绩效考核方法KPI有何区别？OKR适合哪些企业使用呢？本章将对这种人力资源管理领域中的新趋势进行介绍。

- OKR 的起源与发展
- OKR 的基本操作流程
- OKR 与 KPI 的比较
- OKR 的优点与适用条件

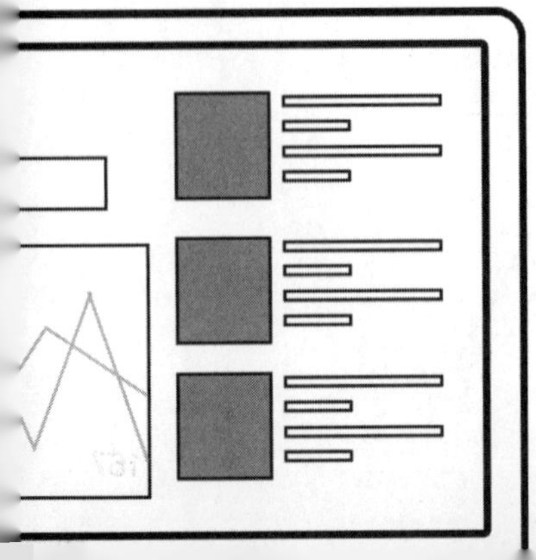

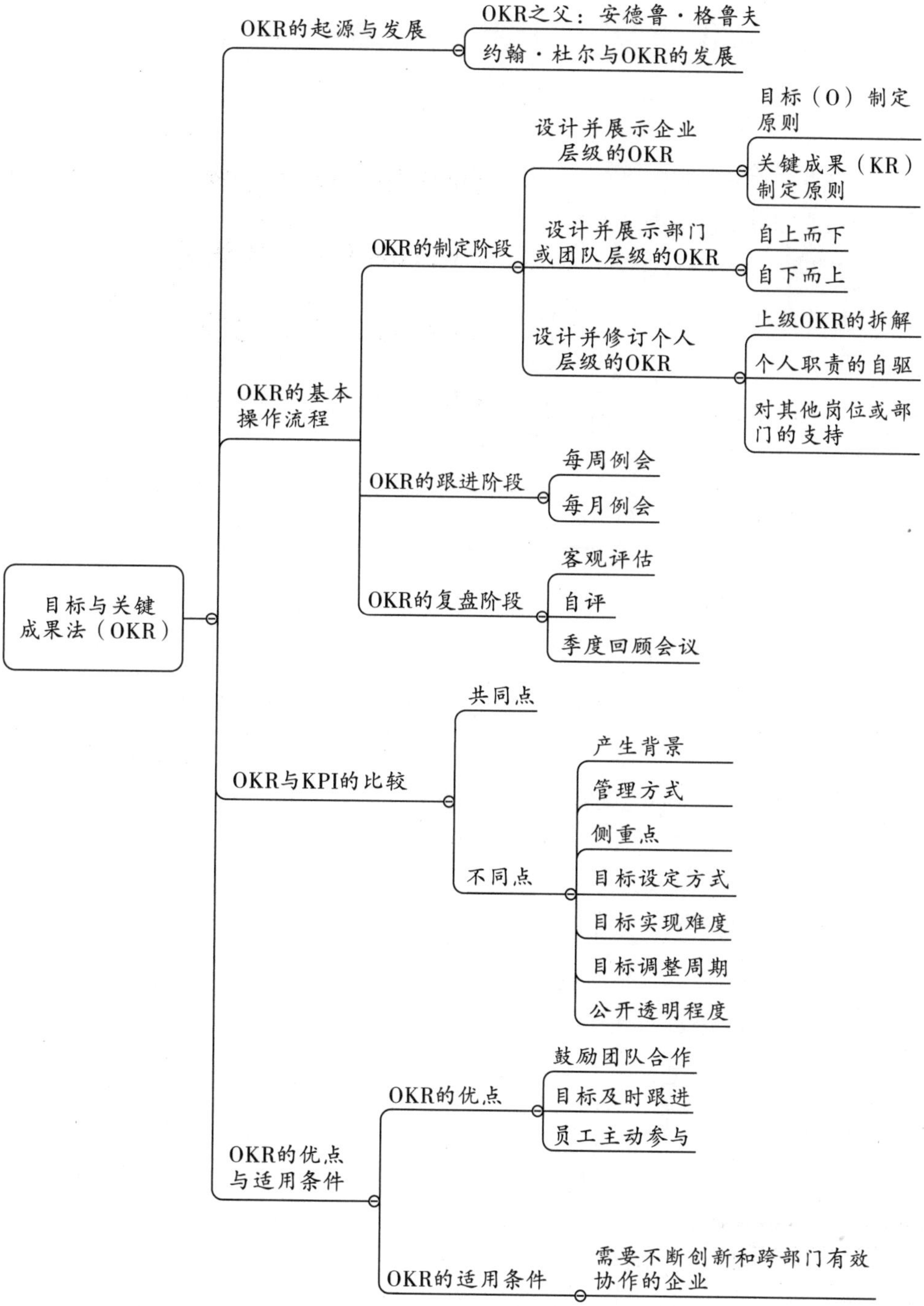
目标与关键成果法（OKR）
OKR的起源与发展
OKR之父：安德鲁·格鲁夫
约翰·杜尔与OKR的发展
OKR的基本操作流程
OKR的制定阶段
设计并展示企业层级的OKR
目标（O）制定原则
关键成果（KR）制定原则
设计并展示部门或团队层级的OKR
自上而下
自下而上
设计并修订个人层级的OKR
上级OKR的拆解
个人职责的自驱
对其他岗位或部门的支持
OKR的跟进阶段
每周例会
每月例会
OKR的复盘阶段
客观评估
自评
季度回顾会议
OKR与KPI的比较
共同点
不同点
产生背景
管理方式
侧重点
目标设定方式
目标实现难度
目标调整周期
公开透明程度
OKR的优点与适用条件
OKR的优点
鼓励团队合作
目标及时跟进
员工主动参与
OKR的适用条件
需要不断创新和跨部门有效协作的企业

第一节 OKR 的起源与发展

随着世界经济形势的风云变幻，互联网、大数据、人工智能等技术迅猛发展，全球的商业环境正在发生巨大变化。宝洁公司前总裁兼首席执行官罗伯特·麦克唐纳（Robert A. McDonald）将这一新的商业世界格局描述为“VUCA 的世界”，即指组织将处于“不稳定的”（Volatile）、“不确定的”（Uncertain）、“复杂的”（Complex）和“模糊的”（Ambiguous）状态之中。在 VUCA 时代，传统的“年初定目标，年底看结果”的做法已不再适用，因为企业可能不到一年就要重新审视市场变化，重新制定新的战略。相应地，绩效目标也需要变得更有弹性，绩效辅导与绩效反馈也应更加频繁。

在这种情境下，OKR 应运而生。它是一套帮助企业、团队和个人明确发展目标、跟踪工作进展的管理工具，最早由英特尔公司的安德鲁·格鲁夫（Andrew S. Grove）发明，后经风险投资家约翰·杜尔（John Doerr）推荐，在谷歌公司发展成熟，现已成为当今企业进行目标与绩效管理的一种新尝试。

一、OKR 之父：安德鲁·格鲁夫

1997 年，格鲁夫帮助英特尔成为最有价值的公司之一。在 1987—1997 年，由格鲁夫领导的英特尔公司每年返还给投资者的平均回报率高于 44%。他一直对德鲁克的目标管理理论非常感兴趣。当时英特尔正处于从存储卡制造商向全球微处理器供应商转型的重要时期，面临多种不确定性挑战，格鲁夫意识到目标管理能够为企业带来诸多益处，便于 1971 年开始将其用于企业管理之中。经过他绞尽脑汁的改良，OKR 的雏形得以形成。后来，格鲁夫将这套理念梳理成书并以《高产出管理》为名正式出版，其主要思想包括：

（1）聚焦少数几个最重要的目标。人的精力是有限的，管理者必须把精力放在最能促进组织产出的活动上。

（2）目标设定应该是自上而下和自下而上的双向互动过程。与德鲁克的主张相同，格鲁夫认为，鼓励员工参与目标设定比强制性委派任务更能激发员工的工作动机。因此，他非常注重培养员工的自我管理能力。

（3）提高目标设定的频率。大多数企业的常规做法是以年度为周期来设计目标，这种频率可能不能及时响应外部市场和消费者需求的变化。因此，企业应该根据实际情况提高目标设定与调整的频率，例如，以季度或月度为周期设定目标。

（4）目标应该具有挑战性。虽然设置一个具有挑战性的目标可能会失败，但当所有人都朝着更高层次的目标努力时，往往会取得令人惊喜的成果。为了鼓励员工自愿设置更高的目标，不建议企业使用正式的绩效制度去考核员工在这些目标上取得的成果。

二、约翰·杜尔与 OKR 的发展

格鲁夫不仅是一位杰出的企业家，还兼任斯坦福大学商学院教授。他非常热衷于将自己的管理理念与他人分享，在英特尔公司内部也时常开展研讨会。约翰·杜尔在英特尔工作时，参与了格鲁夫组织的研讨会和相关的管理培训。当杜尔作为风险投资者加入谷歌后，便将这套管理理念推荐给谷歌的两位创始人——拉里·佩奇（Larry Page）和谢尔盖·布林（Sergey Brin），并获得了两人极大的支持。这套管理工具在谷歌不断完善，后被正式命名为 OKR。

在谷歌，OKR 划分为四个层级，由上至下依次是：①企业层级的 OKR，阐述企业的核心和预期。②部门层级的 OKR，描述各业务单元的目标和预期。③团队层级的 OKR，描述团队的目标和预期。④个人层级的 OKR，是员工的工作目标和预期达到的关键成果。每个层级的 OKR 都是在上个层级的基础上形成的，最终所有的 OKR 都与企业战略和总目标对齐，有效保证了组织内部所有成员都聚焦在一致的方向上。杜尔在《这就是 OKR》一书中说道："谷歌公司遇见 OKR，这是一种完美的组合。"

2013 年，谷歌旗下风投机构的合伙人瑞克·克劳（Rick Klau）在 YouTube 上分享了谷歌的 OKR 实践后，引发了轰动，大众开始关注和了解 OKR。后来，OKR 被包括 IBM（国际商业机器）、Facebook（脸书）、LinkedIn（领英）、Twitter（推特）、Airbnb（爱彼迎）、Uber（优步）、Oracle（甲骨文）等企业引入；2014 年前后，OKR 传入中国，包括字节跳动、知乎、腾讯、华为、京东、百度、顺丰等企业先后试点并实施 OKR；还有很多创业团队也在实践 OKR，帮助这些团队取得成功。

第二节 OKR 的基本操作流程

OKR 是一种明确和跟踪目标及其完成情况的管理方法。从名称上看，OKR 由目标（O）和关键成果（KR）两部分组成。O 主要回答“我们想要实现什么”的问题，是企业将在预期方向取得成果的描述；KR 主要回答“我们如何实现目标”的问题，是衡量既定目标成果的定量描述。虽然 OKR 在不同企业的使用方式可能不同，但万变不离其宗，其标准流程通常包括“制定 OKR→跟进 OKR→OKR 复盘”三阶段的循环。

一、OKR 的制定阶段

正如定义中所说，制定 OKR 的内容包括制定目标（O）和关键成果（KR）两个部分。其中，目标（O）需要具备以下条件：①挑战性。目标必须极具挑战性，可以鼓舞员工向着更高层次的业绩奋进。②公开透明。不同层次的目标必须对齐，这需要在公开透明的基础上实现高效协同。③简洁聚焦。关键成果（KR）的制定则需要符合 SMART 原则。

OKR 的制定程序如下：

第一步，明确企业的使命、愿景和战略，设计并展示企业层级的 OKR。这一步非常关键，因为所有层级的 OKR 都必须与企业的总体战略相一致。高管团队必须在严谨思考战略的基础上，制定企业在未来一个季度内将要实现的目标和关键成果，然后公开表达明确的聚焦点和承诺。设定企业层级的 OKR 之后，要进行有效沟通，确保组织成员都能明白公司的首要目标。这为接下来的各层级 OKR 的设计提供了依据。图 10－1 是英特尔公司 1980 年第二季度推出的 OKRs。

第二步，设计并展示部门或团队层级的 OKR。部门经理或团队负责人需要根据企业战略和季度目标，评估各部门或团队能够为企业目标的实现做出哪些贡献，并据此设计本层级的 OKR。在此过程中，可以采用自上而下和自下而上相结合的方式对上一层级的目标进行拆解。在实践中，通常的做法是把上级的关键成果转换成自己的目标，有助于直接对齐并帮助公司达成目标。如图 10－2 所示，英特尔公司工程部 1980 年第二季度的目标就来自公司层级的第 3 个 KR。除了与上级的目标对齐之外，下级的目标有一部分来自部门职责的重要工作成果。有些案例还会制定一个协作 OKR 作为部门之间共同的 OKR，以便解决跨部门协作的问题。当下级完成了 OKR 设定之后，上级要检查下级的重要事项是否在自己的层面有遗漏。如有，需要自下而上地对自己的 OKR 进行补充调整。

第三步，设计并修订个人层级的 OKR。正如前面所述，个人 OKR 的生成可能有三个来源：①上级 OKR 的拆解。②个人职责的自驱。③对其他岗位或部门的支持。设计完毕后，员工要将自己的 OKR 录入企业公共的 OKR 平台，邀请主管和其他团队成员对此进行评论；然后结合相关意见进行调整与更新。

英特尔公司的目标（1980 年第二季度）

使 8086 成为性能最好的 16 位微处理器系列

关键成果

1. 开发并发布 5 个基准，显示 8086 系列的性能（应用开发部）
2. 重新包装整个 8086 系列产品（市场营销部）
3. 将 8 MHz 部件投入生产（工程部、制造部）
4. 最迟 6 月 15 日对数字协处理器进行采样（工程部）

图 10－1　英特尔公司 1980 年第二季度 OKRs

英特尔公司工程部的目标（1980 年第二季度）

5 月 30 日前向 CGW 公司交付 500 个 8 MHz 8086 部件

关键成果

1. 4 月 5 日前完成成像照片
2. 4 月 9 日前向芯片制造厂交付 2.3 版本
3. 5 月 15 日前完成磁带测试
4. 最迟 5 月 1 日芯片制造厂开始制作产品样品

图 10－2　英特尔公司工程部 1980 年第二季度 OKRs

二、OKR 的跟进阶段

当 OKR 进入正式的实施阶段后，管理者要监督 OKR 的执行过程，以便跟踪工作进度，对潜在或已经出现的问题进行总结，寻找解决途径；如果问题难以得到有效解决，则需要对目标和关键成果进行重新评估，思考调整 OKR 的必要性。

通常，定期召开检查会议对 OKR 的实施过程进行审视，频率可以根据业务和团队的情况而定。常见的做法是：①每周例会。每位员工在会上分享本周“要做的工作”“正在做的工作”“已经完成的工作”，一旦发现问题，及时进行调整。②每月例会。如果员工本月 OKR 做得好，管理者应该在例会上给予员工认可与鼓励；如果员工做得不好，管理者需要和员工一起寻找原因，必要时可以进行一对一辅导，帮助员工成长。

三、OKR 的复盘阶段

如果制定的是季度 OKR，季末就应该对 OKR 的完成情况进行总结回顾。这个阶段分为三个环节：

第一个环节是客观评估。通过计算关键成果的完成率，给目标成果打分。谷歌使用0～1 分制度：打分在0.7～1.0，说明目标完成；打分在0.4～0.6，说明目标取得进展但没完成；打分在0～0.3，说明目标失败。得分并非越高越好，若完成率是100%，会被认为目标定得太低，缺乏挑战性。通常认为0.7 分左右是最佳状态。英特尔采用的也是类似的评估模式，例如，1980 年第二季度 KR 的平均完成率是62.5%（0.625 分），这算不错的结果。

第二个环节是自评。每位员工对自己本季度的表现进行客观评估并打分。打分的结果主要用于激励自我成长，得分的高低不应影响到员工个人的考核。让员工自省最重要，以便更好地制定下一季度的 OKR。

第三个环节是季度回顾会议。在会上，每个团队和个人都需要对 OKR 成果、自评得分、评分标准、打分理由进行阐述。季度回顾会议不仅是对 OKR 成果的总结，更重要的是提供一个交流与学习的平台——团队和个人既可以分享成功的经验，又能够讨论遇到的困难，在实践与总结的过程中获得能力提升。

当所有总结工作结束以后，流程会回到第一阶段，进入下一个季度的循环。在实际操作中，企业的情况与需求各不相同，因此不一定会经历每个层级 OKR 的设计过程，有些过程在执行中也会发生相应的调整变化。但是，监督检查与季度回顾作为保证 OKR 有效运行的关键环节，在任何情况下都应引起足够重视。

第三节　OKR 与 KPI 的比较

在绩效管理过程中，KPI 是使用最为普遍的工具之一。然而，随着 OKR 的兴起和推广，有企业已经用 OKR 替代了 KPI。那么，OKR 与 KPI 到底有何共同点和不同点呢？

先来看看两者的共同点。首先，KPI 和 OKR 都是从目标管理理论衍生而来的，两者有一定的相似性；其次，两者都强调通过对关键性目标的聚焦，引导组织成员的高效绩效行为，最终实现期望的绩效结果；最后，KPI 和 OKR 的制定都要遵循 SMART 原则。

但两者又有本质的差别，不同点主要体现在以下方面（见表 10－1）。

表 10－1　OKR 与 KPI 的不同点

比较维度	OKR	KPI
产生背景	• 互联网时代的产物	• 工业化大生产思维的产物
管理方式	• 鼓励员工自我挑战和自我管理，通过培养员工的内驱力来推动绩效实现	• 崇尚“没有考核就没有管理”，希望通过外在压力（奖惩）来推进绩效实现
侧重点	• 注重关键成果的实现过程	• 注重结果
目标设定方式①	• 自上而下与自下而上相结合 • 除自上而下制定外，员工还可以根据兴趣和能力主动制定，实现自下而上的互动 • 团队 OKR 必须获得其他协助团队的认可，跨团队的沟通必不可少	• 通常是自上而下委派的 • KPI 的开发过程是对企业战略进行层层分解，对要实现的目标进行自上而下的定义，这使得 KPI 更多反映的是组织希望员工做出的绩效行为
目标实现难度	• 挑战性较高	• 挑战性一般
目标调整周期	• 通常一个季度更新一次	• 在一个考核年度内基本保持不变
公开透明程度	• 坚持透明开放的原则 • 所有员工都可以查询其他人的 OKR	• 不同企业 KPI 的公开程度不同 • 大多数企业选择不公开

① 目标设定方式的差异在 OKR 的制定程序中已涉及，下文不再赘述。

一、产生背景不同

KPI 是根据战略需求对上级目标的分解和对关键工作指标的测量，目的是通过考核员工来实施控制，这是工业化大生产思维的产物。它所应对的是相对稳定的环境，业务逻辑和业务结果可以预测。OKR 则是一种动态的自我管理思维。它是互联网时代的产物，所应对的是动态变化的环境，业务逻辑和业务结果并不能完全预测，需要经过实践去验证。

二、管理方式不同

KPI 体系是通过价值创造（制定 KPI）→价值评价（KPI 考核）→价值分配（考核结果的应用），让员工按组织要求的行为模式行事。这套管理方式崇尚“没有考核就没有管理”的理念，希望通过外在压力（奖赏和惩罚）来推进绩效实现。OKR 体系的主要目的不是考核某个团队或员工，而是时刻提醒每个员工当前的任务是什么，相信并依靠员工的自主性和创造性去完成任务。对员工的授权和目标的公开透明促进了员工在 OKR 体系下的自我管理。

三、侧重点不同

KPI 强调结果。例如，某公司客服经理的 KPI 为：客户满意度达到 90% 以上。而 OKR 在关注目标实现的同时，更关注关键成果的实现过程。例如，某公司客服经理的 OKR 为：O——本季度提升客户满意度到 95%；KR_1——客户问题解决时间缩短至 2 天；KR_2——客户问题反应时间缩短至 4 小时；KR_3——本季度招聘客服人员新增 5 名；KR_4——培训客服人员服务技巧 1 次，培训考核得分在 90 分以上。

四、目标实现难度不同

尽管 KPI 的目标设定有挑战性的要求，但考虑到要进行考核，实践中还是会基于合理标准来设定 KPI 的目标值。OKR 包含目标（O）和关键成果（KR）两个方面，其中目标（O）的设定必须蕴含挑战和雄心。如果目标（O）是由上一级的 KR 分解而来，其目标值应与上级 KR 的目标值持平甚至超过。KR 的目标值通常会参照目标（O）客观要求达到的成果，并依据上期或同期数据来制定。由于目标值与考核并不关联，员工更有可能提出有挑战性的目标。

五、目标调整周期不同

通常来说，员工的 KPI 一旦制定，在一个考核年度内基本保持不变。而在 OKR 体系下，组织聚焦的重点会随着时间推移发生变化，员工在一段时间内需专注的领域也有所不同。因此，OKR 一定会根据专注点进行调整，通常是季度刷新。

六、公开透明程度不同

各企业对于 KPI 的公开程度是不同的，大多数企业选择不公开。在有些企业里，KPI 会小范围公开，例如上下级之间以及指标相关的同事之间。OKR 体系则坚持透明开放的原则，企业所有员工都可以查询其他人的 OKR。这不仅能够产生群体监督的作用，还有助于员工之间的高效协同。例如，在字节跳动，任何员工都可以在内网 IM 上直接看到 CEO 和其他同事的 OKR。

第四节　OKR 的优点与适用条件

一、OKR 的优点

1. 鼓励团队合作

OKR 的精髓是让企业中的每个员工都朝着同一个方向前进。上至 CEO，下至基层员工，每个人都要设置自己的 OKR。员工 OKR 的生成除了来源于上级 OKR 的拆解和岗位职责之外，还有一部分来源于对其他岗位或部门的支持，这能显著增强团队内部以及跨部门之间的横向协同，进而提高公司战略执行的聚焦度。

2. 目标及时跟进

对于大部分企业来说，最难的不是企业目标的设定，而是目标的实现过程。OKR 注重过程管理，提倡定期检查 OKR 的执行情况。尽管不是每日跟踪，但“每周一跟进，每月一总结，每季一会议”的目标跟进过程，是完成目标的关键手段。

3. 员工主动参与

相对于与考核挂钩的 KPI 管理方式，OKR 所倡导的是员工根据上级的 OKR 主动制定自己的目标。这使员工从“要我做”变成“我要做”，基于自主意识设定的努力方向，更能激发员工完成目标的信念。

二、OKR 的适用条件

OKR 是一种目标管理工具。从理论上讲，大多数行业的企业都可以使用。不过，从众多的成功实践中发现，使用 OKR 的主要群体是高科技企业和互联网企业。图 10－3 为飞书 OKR 不同行业用户占比。

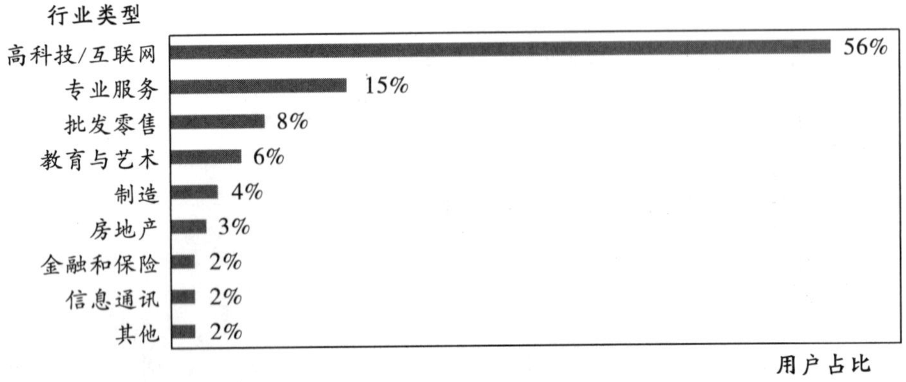

图 10－3　飞书 OKR 不同行业用户占比

资料来源：2021OKR 实践白皮书. 飞书 OKR. https://www.docin.com/p－2786616760.html.

2021 年发布的《OKR 实践白皮书》也说明，OKR 工具的应用是有适用条件的，主要受到组织面临的外部环境、人员结构、工作内容和管理模式的影响。

第一，互联网行业的飞速发展导致外部环境变化极其迅速，这使得企业难以看清发展目标的方向。即使确定了目标，也可能因为外部环境的变化需要频繁调整。OKR 在这方面具有非常明显的优势。

第二，互联网企业是知识型员工聚集的地方。这类员工大多受过良好的教育，具备优秀的个人素质，他们对行业发展趋势以及客户需求的敏锐度往往是企业发展的突破口。相比简单的物质激励，他们更关注自我价值的实现。因此，只有他们认可并且真正想做的工作才会转化成 OKR，并对 OKR 的结果负责。作为一种利用个体的自我价值驱动实现突破性绩效的工具，OKR 与知识型员工是非常匹配的。

第三，无论是互联网企业还是高科技企业，创新都是制胜的关键。创造性工作比较灵活，也没有现成的固定流程，这就为 KPI 的设定造成了极大困难。如果硬性对这类创造性员工进行考核，容易限制其想象力，不利于激发创新。而 OKR 只是在大方向上指引员工，具体的关键成果设定以及操作过程都是由员工自我管理，为创新提供了更大的自由发挥空间。

第四，互联网企业和创业型企业经常采用项目制的方式开展团队合作。一个项目团队经常由来自多个部门的员工组成，成员之间的沟通效果在一定程度上决定了团队绩效的高低。OKR 非常注重团队内部沟通与协同，成员的 OKR 在与上级 OKR 对齐的同时，还必须与协作团队横向互动，取得对方对自己 OKR 的认可，从而确保对方在必要的时候提供帮助。OKR 为项目团队的高效合作提供了保障。

综上所述，OKR 比较适合身处快速变化环境中的企业使用，尤其是需要不断创新和跨部门有效协作的企业，包括需要跨部门协作的业务转型期企业、需要加强团队协作的知识服务型企业。

案例

理想汽车的 OKR 实践

2021 年 8 月 12 日，理想汽车在香港正式上市（HK02015），创始人李想及其团队在网上火爆了起来。自 2020 年赴美成功上市之后，这是理想汽车的又一个里程碑。

理想汽车并非李想的第一次创业。早在高中时他就开始研究互联网，先后成功创立了泡泡网、汽车之家等网站。2015 年，李想创立车和家，希望打造一个移动的家、一个幸福的家。后来，为了公司名与品牌名的统一，“车和家”改名为“理想汽车”。理想汽车的愿景是成为全球领先的智能电动车企业，但在执行时遇到了几个问题：①各部门方法论不同，难以协同。②清晰的目标会被日常庞杂的沟通、繁重的工作所淹没。③交互的信息被碎片化的渠道所间隔。电话与微信沟通将每个个体放进了独立的“信息工位”，大幅度降低了工作推进效率。以上因素严重限制了企业的发展，急需一种新的管理工具来打开局面。此时，李想想到了 OKR 模式。

理想汽车是从 2018 年 7 月开始尝试使用 OKR 的，到目前已多次迭代更新自己的 OKR 使用方法。以下内容节选自理想汽车战略部负责人张辉在“崇岭访学”的现场分享。

一、在 OKR 这条路上理想汽车的“踩坑”经验

我们为什么认为 OKR 重要？因为 OKR 是统一所有员工注意力方向的工具。企业最重要的战略资源并不是公司的资产、账上的现金，而是所有员工的注意力。我们在探索使用 OKR 的路上也走过弯路、踩过坑。

2018 年 7 月，我们做出了理想汽车的第一个 OKR，但并没有发挥什么实质作用。直到当年年底，李想生了一次大病，被迫卧床休息。在休息的这段时间里，他读了约翰·杜尔的《这就是 OKR》，这本书带给他非常多启发。在看完这本书后，他才意识到 OKR 并不仅仅是一种工作方法，而是一个企业经营的操作系统。于是，李想做了几个决定：第一，全员拥抱 OKR；第二，OKR 必须是在线的、可实时更新的；第三，OKR 必须每周回顾，必须做彻底复盘。

后来，公司的业务逐渐变得越来越复杂，企业规模扩大，组织内的协作也越来越困难。我们开始在公司内部全面推广 OKR，做全员的 OKR 培训、使用 OKR 系统、持续迭代更新，等等。一直到 2020 年，才终于看到了 OKR 的一些效果——在长期实践 OKR 之后，公司设定的季度销售目标能达成 95% 以上。

二、理想汽车的 OKR

对理想汽车来说，OKR 是四个工具——目标管理工具、协同工具、战略落地工具、异步通信工具，能帮助我们实现四个目的：

全局聚焦（目标管理工具）：OKR 能帮助企业全员集中精力和资源在真正重要的事情上，这点特别重要。一个公司从高管到一线员工，如果都知道自己的目标是什么、跟公司目标的相关性是什么，那就非常厉害了。事实上，现在大部分公司都做不到这一点。通过 OKR 的对齐，每个人都知道自己对目标的关注度和责任是什么样的，保证公司内部彼此对齐、行动不失焦。

网状协作（协同工具）：OKR 能够推动跨部门协作。大家基于共同目标的时候会更容易协作，即在遇到协作问题时，员工会首先讨论共同的 OKR。

战略落地（战略落地工具）：OKR 必须承接公司的战略，是一个战略落地工具。公司的战略目标会转化为企业、部门和个人的年度 OKR，再往下拆解变成周报、日报等具体的动作，帮助战略真正落地。

信息共享（异步通信工具）：通过 OKR 和周报、日报，我们就可以免去很多不必要的会议。无须开会，就知道任何一个同事和部门的中长期和短期要事、重要进展和重大问题，这样一来，企业的透明度和坦诚度就可以不断提升。

三、运营 OKR 的九大关键要素

在过去三年多的实践过程中，我们总结出了九大关键要素。如果一个公司能全部做到，或者做到其中部分核心要素，就能使 OKR 发挥更好的效果。

1. 一把手工程

好的 OKR，一定是一把手工程。企业一把手一定要相信 OKR，而且要亲身实践。我注意到，很多公司在推进使用 OKR 的过程中，CEO 自己觉得执行得很好，然后就指派一个人再往下推进 OKR 这件事，这种 OKR 执行方法是不会成功的。只有一把手对 OKR 非常笃定、非常用心，才能让整个公司真正感受到这种决心。在理想汽车，李想可以说是全公司做 OKR 最认真的人，制定的时候很认真，复盘的时候也很认真。

2. OKR 必须是在线的

再差的在线协作系统，也比最好的离线文档要强。OKR 必须是在线的，这样大家才能看到彼此的进展，更新才有意义。理想汽车一开始使用自研的 OKR 系统，从 2021 年初起，切换到飞书 OKR。最开始我们没用在线工具同步 OKR，就只用 Word 来记下自己的 OKR，这导致需要开大量同步进展的会议，非常浪费时间。

3. 三个基本功：设定、回顾、复盘

想要用好 OKR，需要做好三个基本功：设定好目标，每周去回顾跟进，最后进行完整复盘。

首先，好的目标决定一切。《这就是 OKR》的英文版名字是“Measure What Matters”，这是制定和实施 OKR 的关键，即经常思考什么是最关键的事，如何不断衡量这些事。这会帮助你制定一个好的目标，而好的目标具有很强的牵引力。

其次，要定期回顾 OKR 的完成情况，每周都看看有什么进展、发生了什么问题、有没有一些潜在的风险可能会妨碍 OKR 的完成。不要小看回顾这件事，回顾决定了 OKR 的质量。我们会一起开 OKR 周例会，采用“飞阅会”形式。“飞阅会”是飞书的一个功能，但本质上是一种起源于亚马逊的工作方法，叫作“六页纸工作法”：开会不用 PPT，只用文档。在 OKR 周例会的前 20 分钟里，大家一起读 OKR 的文档，看看每一项的进展如何，同事们可以随时在文档上给出评论。我们发现同事们一般不愿意面对面地提出特别尖锐的意见，但采用文档评论的方法就很好，大家可以畅所欲言地提一些自己的意见。

最后，在一个季度后，要完整复盘 OKR。复盘的过程，就是检视 OKR 的设定与执行，做得好与做得不好的地方分别是什么，如何去复制好的动作、如何去避免再踩坑。理想汽车内部的 OKR 复盘框架是一组结构化问题，每次复盘都反复问这些问题，就能把过去这个季度盘得很清楚了。

4. 彻底共创

坦率来讲，“共创”这个词真的已经融进了理想汽车的血液里，我们非常强调共创。很多时候所谓的“执行不力”，是因为很多执行者只知道目标、数字，即只知道“What”，而不知道“Why”——不知道目标的由来、不了解或者不认同目标。这也是 OKR 和 KPI 的核心区别之一。共创就可以解决这个问题，能让企业中的所有人都知道“Why”。如果所有人都知道了“Why”，那么不管企业是 1 000 人、1 万人还是 5 万人，都能确保大家朝着同一个方向前进，产生强大动力。

我自己的总结是：一个比较差的组织是用“What”来连接的，即给员工目标，然后去执行；好一点的组织是用“How”来连接的，就是不仅告诉你目标，还会告诉你怎么去做；而更好的公司一定是用“Why”来连接的，就是让员工知道我们为什么要这样做，从而形成一股强大的合力。

5. **承诺型 OKR**

OKR 其实分为承诺型 OKR 与挑战型 OKR。挑战型 OKR 是要设置一个雄心勃勃的目标，其出发点是“挑战不可能”，即对一个小公司来说，如果把销量目标定到 100 万元，最后能够完成 60 万元也是好事，因为这是一个挑战不可能的过程。

承诺型 OKR 则是公司必须完成的目标，因为它是需要承接公司战略的，根据战略图景中的构想，拆分成逐年的 OKR，基于未来的必要性而制定。比如，我们要在 2025 年实现“理想汽车 2025 战略”，那么倒推来看，公司就必须在 2022 年、2023 年、2024 年实现某些具体的目标，大家必须做到。因为战略目标非常有挑战性，所以承接战略目标的承诺型 OKR 也同样有挑战性，而且必须做到。

6. **日报 + 周报 = mini OKR**

OKR 要人人用、天天练。日报可以承接周报，周报可以承接季度 OKR。其实“日报 + 周报”就是一个 mini OKR。对于持续多日的项目，日报里可以阐述当日进展、困难或感悟。

7. **用绩效管理关注成长**

常规的绩效管理包含三个要素：目标、绩效、薪酬。很多公司会使这三者形成刚性绑定的关系，根据目标完成度打分，根据打分给予薪酬，等等。但实际上，这三者分别代表着“事”、成长、回报，我们用 OKR 来看“事”的完成情况，用 CFR（持续绩效管理）来关注每个人的成长并给予反馈，最后再用薪酬作为回报。

这里面的核心在于，一定要避免用外在的驱动力（薪酬）去代替员工的内在驱动力（自我成长、实现目标）。理想汽车的绩效管理不是简单的数字目标、单向刚性考核、直接的奖金薪酬匹配，而是强调深度共创、对 OKR 和“高七”（高效能人士的七个习惯）的深度复盘、关注人和组织的成长。

8. **承接战略（LSA）**

如我前面所讲，OKR 是战略落地工具，所以它必须承接战略。在理想汽车内部，就是要承接LSA（Li Auto Strategy Analysis，理想汽车战略分析），帮助公司把战略执行到位。

9. 专职团队，持续运营

这件事很容易被忽视。很多公司习惯使用纯职能团队来进行OKR运营工作，但我建议最好还是使用有业务背景的专职团队来运营OKR。因为OKR并不是一个纯管理工具，而是一个组织的操作系统，它上接公司战略，下接能力与资源。为了让OKR发挥最好的效果，一定要采用专职团队进行持续运营。这个团队必须懂业务，能和业务团队整天泡在一起。

资料来源：理想汽车：三年OKR实战，九大关键要素．微信公众号“崇岭计划”．2022-02-16.

第十一章

绩效管理新趋势之二：

游戏化管理

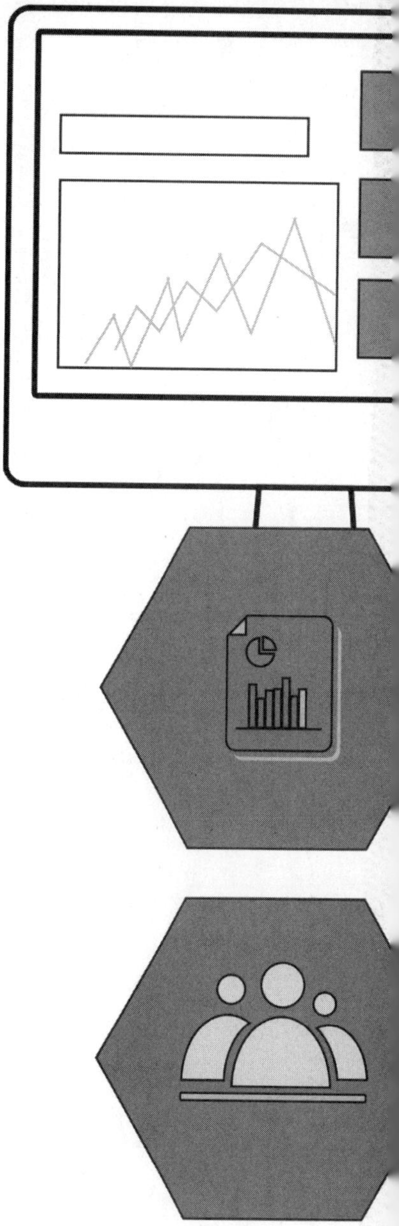

当今绩效管理的另一个新趋势是游戏化。新生代员工在职场中更看重工作的趣味性和价值感，游戏化管理正是迎合了他们的偏好，大大促进了员工工作的积极性和参与度，提升了工作效能。本章介绍了游戏化管理的定义及其关键的设计要素和优点，并将这种模式与传统绩效管理进行了比较。

- 游戏化管理概述
- 游戏化管理的设计要素
- 游戏化管理与传统绩效管理的比较

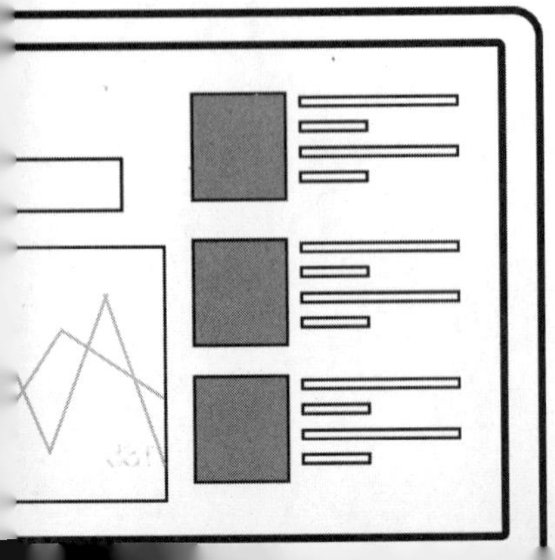

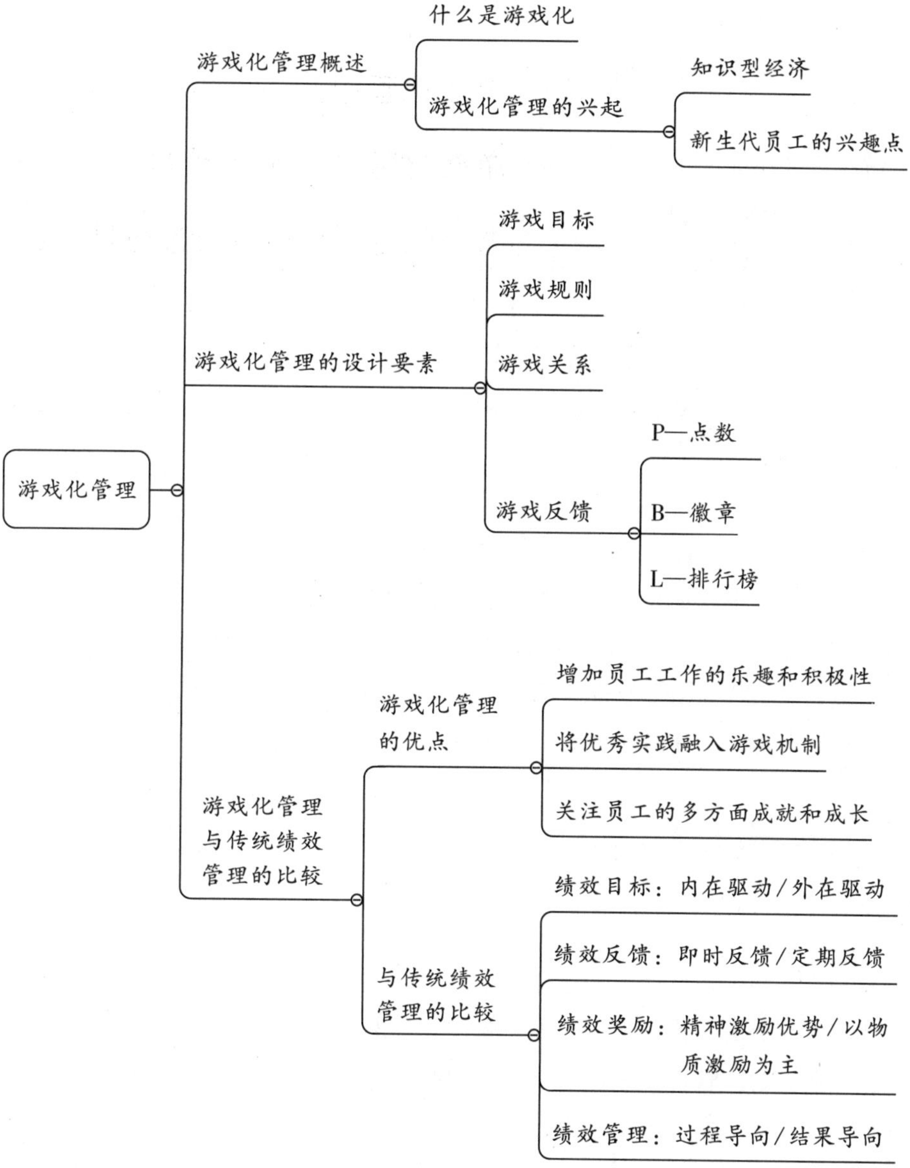
游戏化管理
游戏化管理概述
什么是游戏化
游戏化管理的兴起
知识型经济
新生代员工的兴趣点
游戏化管理的设计要素
游戏目标
游戏规则
游戏关系
游戏反馈
P—点数
B—徽章
L—排行榜
游戏化管理与传统绩效管理的比较
游戏化管理的优点
增加员工工作的乐趣和积极性
将优秀实践融入游戏机制
关注员工的多方面成就和成长
与传统绩效管理的比较
绩效目标：内在驱动/外在驱动
绩效反馈：即时反馈/定期反馈
绩效奖励：精神激励优势/以物质激励为主
绩效管理：过程导向/结果导向

第一节　游戏化管理概述

一、什么是游戏化

游戏化（Gamification）一词的关注度在2010年下半年达到谷歌趋势（Google Trends）收录标准的门槛。宾夕法尼亚大学教授沃宝克（Kevin Werbach）认为，游戏化是将游戏元素及游戏设计技术用于非游戏领域。首先，游戏本身是一个系统，玩家是最重要的参与对象，其目的是达成抽象的任务，而任务的界定兼具奖惩性、互动性、反馈性和竞争性四大特征，任务的实现产出可量化的成果，同时激发玩家情绪，引发玩家深度参与和投入。其次，如果设计或参与游戏不是为了娱乐，而是为公司的某些目标服务，或是为了学习与工作相关的知识，又或是为了找到合适的工作等，就属于非游戏领域（Non-game Contexts）。

由此可见，游戏化就是将游戏元素系统地应用到非游戏活动中，形成一种对人的激励机制，驱动活动参与者完成组织或个人想要达成的目标。在此基础上，《哈佛商业评论》给出了"游戏化管理"的定义。所谓"游戏化管理"，是指将游戏的乐趣、成就和奖励等要素与商业流程、体系或系统相结合，吸引并激励员工，以驱动理想行为，达到商业目的。

二、游戏化管理的兴起

一方面，随着知识型经济的到来，企业面临着更为激烈的竞争和多变的市场，消费者需求也更加多元化。在这样的情况下，企业更需要靠智慧而不是以往的野蛮式扩张来取胜。不难发现，标准化管理时代的KPI与薪酬挂钩，但难以真正触动人内心的意愿。管理者应该引导员工寻找初心，而不仅是考核结果；应该激发员工的内在动机，而不仅是监督过程；应该赋予员工相应的能力，而不仅是优胜劣汰。俗话说，"知之者不如好之者，好之者不如乐之者"，学习如此，工作亦然。

另一方面，90后已成长为职场的中坚力量，00后也陆续走入职场，他们与70后、80后不一样。作为社会的新生代，他们接受过更高水平的教育，成长环境更加富足，更多地将工作视为自身价值的实现，更看重幸福感、自我实现和认可，而非视为单纯的谋生手段。他们有独特的个性，有较强的创新能力，更加看重工作的趣味性和价值感，追求新鲜和乐趣。据中国社会科学院国情调查与大数据研究中心发布的《中国兴趣报告》，游戏在90后和00后人群的兴趣排行榜中居第二位（见表11－1）。

表11－1　不同年龄人群的兴趣排行榜

TOP5	00后	90后	80后	70后	60后
NO. 1	音乐	音乐	音乐	运动	运动
NO. 2	游戏	游戏	运动	音乐	音乐
NO. 3	影视	影视	影视	养生	养生
NO. 4	运动	运动	阅读	阅读	阅读
NO. 5	阅读	阅读	旅行	影视	花草宠物

资料来源：中国社会科学院国情调查与大数据研究中心发布了《中国兴趣报告》.（2019－10－11）. https://www.sohu.com/a/346284173_99902379.

另据《百度90后洞察报告》，对于就职单位的选择，90后对个人兴趣的重视指数为4.41，而对发展空间与薪资水平的重视程度分别只有3.22与3.09。这说明，“兴趣至上”是90后选择工作的首要标准。因此，游戏化管理顺应了当前时代的需要，将游戏的元素和机制应用到企业管理的情境中，借以改变参与者的行为模式。用游戏的思维激起员工的荣誉感，使那些无聊的工作、任务和重复性行为变得有趣起来，让员工富有激情地工作。

第二节　游戏化管理的设计要素

尽管不同企业的游戏化管理系统各异，其设计都离不开游戏元素中的四大核心：游戏目标、游戏规则、游戏关系以及游戏反馈。

一、游戏目标

游戏目标包括终极目标和大量的阶段小目标。在每一局游戏开始时，参与者都清楚这局游戏的目标是什么，需要达到什么要求才能获得胜利或升级。为了目标的达成不断调整游戏战略，思考各种通关方法是游戏的精髓。在游戏化管理中，可以把目标设定与工作结合起来，把工作当作一项项关卡，进行升级冲关。在设计过程中，管理者需要梳理好业务目标并思考：员工的哪些行为能促使目标达成？量化的指标是什么？在此基础上罗列需要激励的员工行为。

二、游戏规则

游戏规则即获得胜利或升级的具体规则。在游戏化管理中，管理者要制定获得经验值和晋升的具体规则和条件限制。例如，步科公司以部落模式改组销售团队，为了激励部落的成长，该公司规定部落之间可以兼并和拆分。每年年终，排名前 50% 的部落可以对排名后 25% 的部落进行兼并，排名靠前的部落具有兼并优先权；兼并部落与被兼并部落合并成一个新部落，成员的去留由部落首领决定。部落首领每成功兼并一个部落（兼并后形成的新部落下一年排名不低于前 50%）可获得 1 颗星。部落首领累计获得 2 颗星，可申请晋升为经理；累计获得 3 颗星，可申请晋升为高级经理；累计获得 4 颗星，可申请晋升为销售总监；累计获得 5 颗星，可申请晋升为公司副总经理。

三、游戏关系

游戏的开展会伴随着各种关系的发展，离不开参与者的互动，其中夹杂的对抗、竞争与合作，构成了游戏本身令人流连忘返的情境。上面的案例是鼓励不同团队之间的竞争，以兼并实现优胜劣汰。竞争的同时也有合作，例如，给予每个部落首领相应数量的虚拟币，主要用于感谢其他部落跨区域的协作和帮助；当员工提升等级或经验值的时候，直属上级同样会提升经验值；员工还可以将负责任务的经验值拿出来分享，以寻求同事的帮助。这些做法都是提倡团队之间以及团队内部合作的互动关系。

四、游戏反馈

在玩游戏的时候，最重要的就是反馈机制。每当打死一只怪兽或者闯过一关，参与者就会获得相应的经验值或奖励，这种反馈机制会激励其继续闯关。在游戏化管理中，需要将员工在公司的成长与游戏成绩对应起来，设置可视化、可量化的 PBL 三大要素（点数、徽章、排行榜），让员工在具体工作过程中看到自己的努力过程并获得相应贡献值，最终根据贡献值来获得升职加薪等奖励。

（1）P—点数（Points）。点数就好像幼儿园里老师奖励小朋友的小红花一样，可以用来显示成就和获取奖励，激励员工更有动力完成某些任务。事实上，绩效管理的各类场景都能与点数设置相结合。例如，员工加班一次奖励 20 积分；项目创新奖励 50 积分；优秀团队奖励 80 积分。

（2）B—徽章（Badges）。徽章是点数的集合，是一种视觉化的成就，用来表明员工在工作中取得的进步。徽章具有极大的灵活性，可以被用来鼓励不同类型的活动。在绩效管理中，可以通过徽章认证的形式，设置“最具管理创新奖”“最团结同事奖”“最佳技术能手”等，为员工的良好行为提供正反馈。

（3）L—排行榜（Leaderboards）。排行榜是将员工获得的积分情况进行排序，展示员工成就的榜单。排行榜有利于激发参与者的内驱力，使其不断冲击更高的排名，利用游戏激发员工的荣誉感和斗志是企业游戏化管理的重要目的。成绩排名让员工的影响力一目了然，越是成绩好的员工越不觉得累，越喜爱学习和工作，为了保持在游戏中的竞争力和影响力，不吝投入时间与精力。

第三节　游戏化管理与传统绩效管理的比较

一、游戏化管理的优点

以销售团队的游戏化管理为例，设计者可以将销售管理问题放入特定的游戏场景中加以解决。例如，将销售人员、销售团队的日常客户拜访工作模拟成一个“武林少侠养成”游戏；销售人员的拜访频次、成功率，销售团队之间的竞争，团队内部的合作，都将为游戏玩家“张无忌”一步步成为武林至尊做出贡献。然后，通过大量严谨的分析和演算，建立科学的积分、等级、勋章和挑战等一整套公平、有趣的游戏机制。不难发现，销售团队的游戏化管理具有以下优点：①增加员工工作的乐趣和积极性，为销售人员日常大量重复的工作带来新的意义。②机制设计中融入了历史数据分析的结果，把一套优秀实践融入游戏机制，员工可以利用游戏攻略迅速提升工作的质量和成效。③整套机制能让员工感到公司不仅关注“销量”等结果，同时也在关注他们在工作中的多方面成就和成长。

二、与传统绩效管理的比较

第一，绩效目标的驱动性。传统绩效管理以外在驱动为主，通过金钱、职位等奖惩机制来推动员工去做某件事。一旦奖励设置对员工没有吸引力，员工的工作积极性就会降低，进入消极怠工状态。游戏化管理是利用游戏元素唤起员工的工作激情，通过内在驱动提高员工参与度，使其不自觉地在工作中投入更多精力，主动推进工作。

第二，绩效反馈的及时性。传统绩效管理通常以月、季、年为考核周期，属于定期反馈。而游戏化管理是即时反馈，员工每做一次日报、每一次签到、每一次完成任务都会得到“经验值”或“金币”奖励，这种即时反馈会提高员工的积极性，让员工对待工作像玩游戏一样上瘾。

第三，绩效奖励的类型。传统绩效管理对于员工的奖惩以物质激励为主。例如，季度销售第一的员工可以获得奖金 500 元，一个月满勤的员工可以获得奖金 200 元。在游戏化管理中，优先使用精神激励，而不是物质激励。物质激励仅仅发生在交易层面，不能持久。精神激励机制具备三个基本要素：①目标。参与者渴望他们做的事产生超出自身利益的影响力。②自主。参与者渴望掌握自己的生活。③专精。参与者渴望在某些事务或技能上持续进步甚至达到精通。由此可见，精神激励机制从情感层面对员工进行激励，激励作用更持久。游戏化管理将点数、徽章、排行榜与激励、晋升、薪酬等相结合，使员工在“打怪升级”中不断有获得感、荣誉感等精神激励，并兼顾了物质激励。

第四，绩效管理的导向性。传统绩效管理注重结果。在员工实现目标之后，对员工的行为进行相应的奖励。游戏化管理的功能之一是清晰且有趣地勾画达成目标的路径。它可以将终极目标分解成一系列易于实现和掌控的小目标，并且为参与者提供持续性的激励，帮助他们主动实现自己的终极目标。因此，游戏化管理不但注重结果，更重视实现目标的过程。

综上所述，游戏化管理与传统绩效管理的区别如表 11－2 所示。

表 11－2　游戏化管理与传统绩效管理的区别

比较维度	游戏化管理	传统绩效管理
绩效目标	内在驱动	外在驱动
绩效反馈	即时反馈	定期反馈
绩效奖励	精神激励优先	物质激励为主
绩效管理	过程导向	结果导向

案例

步科销售团队的游戏化管理实践

一、为什么要变革

如今，我们处在一个信息交流异常便利的互联网时代，以工资、奖金为代表的激励和约束机制逐渐蜕化，解放和激活个体成为更值得关注的新话题；与此同时，在互联网时代成长起来的90后也逐渐成为公司的主力，他们对于薪酬绝对值的关注程度并不高，而更关注自身的感受与体验——公司生活是否好玩、独特？是否愿意接受现有的规则？

《游戏改变世界》一书中提炼了游戏的四大特征：①目标明确。②规则透明。③反馈及时。④自愿参与。好的管理同样也应当符合这四个特征。因为我们都希望人生如一场游戏般精彩纷呈，如果工作和学习都能设计成游戏，对于员工而言，在公司的生活也会变得更具趣味性和新鲜感。因此，步科于2014年率先在销售团队开展了游戏化管理的尝试。

二、行业背景

2013年，世界的经济形势和中国GDP的增长速度都在下滑，整个制造产业存在产能过剩的问题。步科作为一家专注于自动化产品与解决方案的公司，受社会环境的影响很大，自2013年起便开始增速放缓，2014年初甚至出现了业绩下滑滞长，由此引发了一系列潜在的人员问题。为了应对该挑战，步科召开高管会，进行了激烈的讨论，最终受到《游戏改变世界》和《失控》两本书的启发，决定采取游戏化管理方式激发公司内部员工活力。

三、项目设计

1. 目标客户：销售团队

销售团队是公司内部最需要激情，也亟待激活的团队。步科原先的销售团队结构由上至下分别是：销售部—销售大区—销售办事处。一线的销售人员如果想为客户申请特殊价格或产品，则需要依次通过办事处经理、大区经理以及销售总监的审批，并经由销售总监和产品部进行沟通，才能获得最终的许可。这样的流程对于销售人员和客户而言都太过冗长，因此组织和流程都急需变革。

2. 组织变革：部落诞生

为了提升组织的敏捷性和生命力，步科取消了销售大区这一层级，并将游戏化元素引入薪酬管理。原有的销售办事处更名为部落，具体的游戏规则是：每个部落分管所属的销售区域；每个部落平均 3 个人，包括一名首领、若干长老以及新人；2 人以上即可组成部落，但人数不建议超过 5 人；部落成员须互帮互助，并在固定的办公地点（拥有基本的办公设备）一起工作。

3. 全新角色：部落成员

原有办事处经理化身为部落首领，但在游戏化管理中，该首领角色并非由组织任命，而是由部落成员每年以匿名投票的方式选举产生，票高者自动当选，公司不设任何限制。成员则依据销售等级（由低至高）化身为：新人—青铜长老—白银长老—黄金长老—白金长老；其中，技术型销售依据技术等级（由低至高）化身为：术士—法师—大法师。

步科对每个销售等级和技术等级都规定了明确的职位标准，并面向全员公开。员工根据职位标准衡量自身后，如果认为自己具备了晋级资格，便可随时向部落联盟总部（包括总经理、人力资源总监、销售总监以及副总监）提出晋级申请。在薪酬评分委员会（包括部落联盟总部成员和产品部负责人）建立的微信群中，员工将进行自我陈述、解释和说明，由委员会当场表决后便可得知自己是否晋级成功。

4. 薪酬开放：起薪、津贴全透明

步科面向全员公开新的薪酬框架，不同的销售等级享受不同的起始薪资，同时，步科会根据消费指数的上涨，每年进行一定幅度的普调；此外，员工可根据技术等级以及所属区域（一线、二线、三线）享受额外的技术津贴和区域津贴。部落首领享受额外的首领津贴，该津贴分为两部分：①固定津贴：1 000 元。②浮动津贴：根据带领的团队成员人数，额外增加 500 元/人。

5. 部落奖金：积分（K 币）兑换

部落奖金采取积分制。积分又称 K 币，取自步科英文名 Kinco 的首字母。部落的年度任务是最大限度地赚取 K 币，以便年底时依据 K 币数量换取对应的奖金。根据 K 币的数量不同可兑换不同价值的币种，由低至高分别是：铁币（≤79 枚）—铜币（80 ~ 99 枚）—银币（100 ~ 119 枚）—金币（120 ~ 149 枚）—白金币（≥150 枚）。不同币种对应的奖金如下：

铁币：不值钱，不接受兑换；

铜币：该部落全年销售额目标的万分之二；

银币：该部落全年销售额目标的万分之四；

金币：该部落全年销售额目标的万分之五；

白金币：该部落全年销售额目标的万分之七。

6. K 币的来源

K 币由公司统一发行，并经由以下四种方式赠予部落：

（1）销售额绩效：根据部落的全年销售额目标，每完成 1% 送 1 枚 K 币。

（2）消灭大BOSS：销售总监握有50枚K币，可赠送给获得大客户（月均10万名以上新客户）的部落，但单次不得超过10枚。

（3）产品推广：每个产品部门握有50枚K币，年初时会发布一些产品推广的任务，部落每完成相应的任务就能获得相应的K币奖励，以此鼓励部落对特定产品的积极推广。

（4）部落互动：每个首领握有相当于本部落人数的K币，用于感谢其他部落的跨区服务。

7. 部落绩效：按K币排名

部落根据获得的K币数量进行部落英雄榜的排名，并每周予以更新；每年年底，部落获得最终的年度排名，并根据年终兑换的最终币种获得相应称号，例如，获得铜币的部落会被授予铜杯的称号，成为铜杯部落。年会时，公司宣传板上会张贴两张颜色对比鲜明的榜单，一张是光彩亮丽的铜杯及以上部落名单，另一张则是黯淡无光的铁杯部落名单。

8. 部落的兼并与拆分

（1）兼并：排名前50%的部落可以提出并购要求，兼并排名后25%的部落，从而获得更多资源和人员（无限制要求；多个部落PK时，排名靠前者胜出）。被兼并的部落与兼并部落合并成新部落，成员的去留由兼并部落的首领决定。

（2）拆分：新部落人数若超过5人，一年后必须再次拆分为两个部落，新部落的首领由老首领任命；不超过5人的部落也可自愿拆分为两个部落。新部落第一年的K币奖金的20%归老部落所有。

四、项目实施

2014年初，步科制订游戏化管理方案后，原本计划投入近一年时间与销售团队沟通该方案。但出乎意料的是，在沟通的过程中，步科惊喜地发现这种游戏化管理方式颇受欢迎，尤其是新生代的年轻人。他们认为在这样的管理方式下，自己可以获得更广阔的发展空间和成长空间。因此，步科将原有方案提前了半年实施，于2014年7月1日正式开展针对销售团队的游戏化管理实践。

1. 管理理念与习惯的改变

游戏化管理实践从本质上改变了管理层的工作习惯，也颠覆了他们的管理理念。过去，管理层享有很高的决策权；但实行游戏化变革后，部落的权力得以提升，可自主决定售卖的产品、经营的策略以及产品的售价。因此，步科在项目实施伊始便让管理层加入，共同讨论项目的实施细节，人力资源团队也在这个过程中加以引导，讲大局、绘场景、谈未来。通过长时间的影响，管理层逐渐接受了游戏化的全新理念。更幸运的是，步科的最高管理者是一名喜欢尝试新鲜事物的革新者，在充分了解项目的理论基础和实施方案后，给予了项目组大力的支持。

2. 来自既得利益人群的阻力

组织变革后销售大区这一层级被取消，原先的大区经理因此失去了自己的职位，成为一名可上可下的普通角色。其中不少人是通过多年的努力才晋升到大区经理这一职级，此次变革对于他们而言无异于“一夜回到解放前”。他们会怎么想，会不会因此而辞职呢？这些都是让步科深感忧虑的问题。为此，步科进行了大量的沟通工作，但没想到的是，随着沟通的深入，忧虑反而逐渐消散。原来，这些大区经理本就是非常优秀的销售人员，他们首先是销售人员，然后才是经理。不少人成为大区经理后，反而深陷于各种琐碎的日常工作中，如员工请假、离职、招聘和报销、汇报、收集数据等，他们早已苦不堪言，特别怀念跑客户时的自由自在。在沟通前，步科预先识别出倾向于变革的人群，并与他们进行沟通，在此过程中不断积累经验和技巧。当大多数人都支持变革的时候，反对者的内心也会开始动摇，此时再辅之以理、动之以情，他们便也会想要尝试下年轻人的玩法了。

3. 来自费用与预算的压力

首领的权限中包含了招聘与报销，步科在项目设计时担心会增加额外的预算，但最终权衡了以下考虑：①区域业绩是有限的，首领如果盲目招聘，分配年终奖金时自己的份额就会减少。②报销费用过高会直接影响部落的业绩增长。③公司享有审计权，能有效避免极端情况的发生。综上，步科选择相信首领，仍然把招聘与报销的权力赋予他们。三年来的实施成果表明，游戏化管理实践既没有导致人员增多，也没有导致年终奖金发放增多。

五、实施成果

（1）业绩：2016 年，步科的营收与利润的增长均实现了逆势上扬。销售增长近 30%，产品经营利润增长近 40%。

（2）士气：员工激情再现，积极寻求新客户、新项目，士气高涨。

（3）辞职人数：较 2014 年同期，2015 年销售辞职人数减少 75%。

（4）销售费用：较 2014 年同期，2015 年销售费用未增长。

六、未来发展

销售部门的游戏化管理仅仅是步科组织变革的第一步。2016 年，步科在研发部门实施了组织变革，项目进展顺利，阶段性成果显著。在互联网时代，市场竞争日趋激烈与残酷，能够快速响应市场变化的组织将更具活力和生命力。

资料来源：赵有强，孙雨晴．步科公司的游戏化管理实践探索．中国人力资源开发，2015（24）；赵有强．步科销售团队游戏化管理实践．（2017－10－20）．https://www.sohu.com/a/199235581_183808.

参考文献

1. 赵国军. 薪酬设计与绩效考核全案. 3 版. 北京: 化学工业出版社, 2020.

2. 李太林. 全优绩效. 北京: 中国友谊出版公司, 2019.

3. 兰兰, 李彩云. 绩效管理理论与实务. 北京: 清华大学出版社, 2017.

4. 李开复. 我的“午餐会”沟通法. https://zhuanlan.zhihu.com/p/50706328.

5. 张瑜, 闻华. 战略衡量: 平衡计分卡的四个维度. 管理学家 (实践版), 2010 (3).

6. 阿吉斯. 绩效管理. 3 版. 刘昕, 柴茂昌, 孙瑶, 译. 北京: 中国人民大学出版社, 2013.

7. 孙波. 绩效管理: 本源与趋势. 上海: 复旦大学出版社, 2018.

8. 林新奇. 绩效管理. 3 版. 大连: 东北财经大学出版社, 2016.

9. 赵日磊. 手把手教你做绩效管理: 模型、方法、案例和实践. 北京: 电子工业出版社, 2016.

10. 方振邦, 杨畅. 战略性绩效管理. 6 版. 北京: 中国人民大学出版社, 2022.

11. 付亚和, 许玉林. 绩效管理. 4 版. 上海: 复旦大学出版社, 2021.

12. 孙海法. 绩效管理. 北京: 高等教育出版社, 2010.

13. 杜尔. 这就是 OKR: 让谷歌、亚马逊实现爆炸性增长的工作法. 曹仰锋, 王永贵, 译. 北京: 中信出版社, 2018.

14. 王明, 洪千武. OKR 管理法则: 阿里巴巴、华为绩效管理实战技巧. 北京: 中信出版社, 2020.

15. 任康磊. 绩效管理工具: OKR、KPI、KSF、MBO、BSC 应用方法与实战案例. 北京: 人民邮电出版社, 2021.

16. 吴建国. 华为团队工作法. 北京: 中信出版社, 2019.

17. 韦巴赫, 亨特. 游戏化思维: 改变未来商业的新力量. 周逵, 王晓丹, 译. 杭州: 浙江人民出版社, 2014.

18. 德鲁克. 卓有成效的管理者. 许是祥, 译. 北京: 机械工业出版社, 2005.

19. MCCLELLAND D C. Testing for competence rather than for “intelligence”. American psychologist, 1973, 28 (1).

20. MOTOWIDLO S J, VAN SCOTTER J R. Evidence that task performance should be distinguished from contextual performance. Journal of applied psychology, 1994, 79 (4).

21. ULRICH D. A new mandate for human resources. Harvard business review, January-February, 1998.

22. ODIORNE G S. Management by objectives: a system of managerial leadership. Marshfield, Massachusetts: Pitman Press, 1965.

23. MCGREGOR D M. An uneasy look at performance appraisal. Harvard business review, 1957, 35 (5/6).

24. PATERSON D G. The scott company graphic rating scale. Journal of personnel research, 1922 (1).